55 COMPULSORY COURSES

# 学校不大教的55门必修课

—— SCHOOLS WON'T GIVE YOU ——

吴长坤／编著

企业管理出版社

**图书在版编目（CIP）数据**

学校不大教的55门必修课/吴长坤编著．—北京：企业管理出版社，2010.5

ISBN 978-7-80255-516-7

Ⅰ．①学… Ⅱ．①吴… Ⅲ．①素质教育-青少年读物 Ⅳ．①G40-012

中国版本图书馆CIP数据核字（2010）第072589号

---

**书　　名**：学校不大教的55门必修课
**作　　者**：吴长坤
**责任编辑**：杨　帆
**书　　号**：ISBN 978-7-80255-516-7
**出版发行**：企业管理出版社
**地　　址**：北京市海淀区紫竹院南路17号　　**邮编**：100048
**网　　址**：http：//www.emph.cn
**电　　话**：出版部68414643　发行部68467871　编辑部68428387
**电子信箱**：80147@sina.com　zbs@emph.cn
**印　　刷**：香河县宏润印刷有限公司
**经　　销**：新华书店
**规　　格**：170毫米×240毫米　16开本　16.75印张　240千字
**版　　次**：2010年6月第1版　2010年6月第1次印刷
**定　　价**：30.00元

---

# 前　言

4 岁读小学，3 年完成了小学六年的课程，8 岁进入中学，13 岁就读国家重点大学——湘潭大学，17 岁考上中科院的硕、博连读。

这个小孩就是中央电视台《新闻调查》中《“神童”的成长》节目的主人翁魏某。但学习如此优秀的“神童”在上大学时，却还需要母亲陪读以照料自己的一切生活起居。由于魏某只一门心思地看书学习，从来没有抽出时间和同学们进行接触，一天天长大成人的他，却不懂得如何跟周围的人交往。由于长期以来生活上不能自理，其狭隘的知识结构和思维方式已经不能适应中科院的研究模式，魏某最终只能被淘汰。

在别人眼里，魏某是个值得称赞的乖孩子，但由于学校教育在某些方面的缺失而使其不能被社会认同，让人深思。因而社会和家庭教育在此时更显重要，那就是补充学校教育的缺失，为孩子补上学校不大教的必修课。生活中无数的例子说明，很多学校里的“乖”孩子一旦步入社会，就发现自己的发展举步维艰；而学校里某些“坏”孩子踏进社会却能如鱼得水，八面玲珑。那么，下面介绍的小孩的经历是否真正让我们“担忧”他的前程呢？

小学毕业，“自家私塾”中学毕业，18 岁去超市当搬运工，19 岁在北京某报社任网络技术部主任。22 岁创办《皮皮鲁》杂志，24 岁创办皮皮鲁讲堂，25 岁创办郑亚旗摄影工作室……

这个孩子外表与同龄人无异，但在成长的过程中却有着与众不同的经历。从孩子上学的那天起，孩子的父亲就知道：学习并不只是学课本知识，分数也不是这个世界上唯一能体现人的才能的东西。而学校教育却只重视分数，不重视心灵教育，这是违背孩子成长规律的。当孩子小学毕业考试刚结束，这位父亲就毅然让孩子退学，并承担起了对孩子爱与自由的教育！

这位父亲对孩子进行“特殊”教育，让孩子成长在爱与快乐的路上，并只用了短短几年的时间，成就了一个出色的孩子。可见，即使离开了学校教育，只要对孩子进行适合社会需求的教育，就能让孩子鹤立鸡群，出类拔萃。这位大胆行事的父亲就是童话大王——郑渊洁。

可见，学校教育固然重要，但由于社会的发展，孩子更需要获得学校不大注重的，却是个人成长必需的一些能力，如自我开发、社会交往和生存能力，以及良好的性格和习惯。

本书所涉及的必修课旨在为父母提供一些观念和方法，让孩子学习社会生存的能力。我们从日常生活现象出发，用典型的启示性小故事来揭示深刻的社会生存道理，通过切实可行的“高招”，列举操作实例，帮助父母引导孩子，让孩子成长为能够自我开发、具有良好性格和生活习惯，并掌握各种社会交往和生存能力的社会人。

编　者

# 目　录

小故事

## 一　自我开发的能力



大启示

小故事



大启示

小故事



大启示

小故事



大启示

# 一　自我开发的能力

功课 01　善用时间，才能规划生活

功课 02　利用兴趣点，找到学习动力

功课 03　情绪好，心态好，才能学习好

功课 04　摸清用脑规律，有效提高效率

功课 05　玩出点名堂

功课 06　做生活的有心人，展现创意

……

## 功课01

## 善用时间，才能规划生活

父母一般会发现这样一个现象：有些孩子惜时如金，一天学习10多个小时，虽然拿到了好成绩，可是体育、娱乐项目却是一窍不通。还有另一些孩子，整天悠哉游哉，不见拼命学习，依然能拿到好成绩，体育、娱乐项目样样都不错。这是怎么回事呢？其实这就是会不会善用时间的区别。

### 小故事，大启示

柳比歇夫是个昆虫家，在他82年的生命中共出版了70多部学术著作，写了12500张打字稿的论文和专著。他的研究范围非常广泛，内容涉及遗传学、科学史、昆虫学、植物保护、进化论、哲学等领域，且都有很深的造诣。更令人难以置信的是，他竟然能够保证每天8小时的充足睡眠，并且也不耽误必需的娱乐活动、体育锻炼和社会工作的时间。柳比歇夫在他的一生中能够获得如此辉煌的成就，并且大大超过了同时代的人，是不是因为他是个天才呢？

其实不是的，柳比歇夫并没有过人的天赋，也没有令人垂涎的优越环境，小时候的他是一个最平凡不过的顽皮小孩。自26岁起，柳比歇夫开始把每天学习、写作、看书、读报、休息、散步、娱乐，甚至子女同他交流感情的时间都一一记录下来，不仅每个细节记载得非常详细，而且各种事情耗时的起止时间都非常准确，误差不超过3分钟。这种日记他坚持了一辈子。除此之外，他还认真地进行核算，每天、每月、每年都分门别类地进行总结。柳比歇夫这样做并非只为了记录和核算，更重要的是计算实际耗费的时间和时间的实际利用率，从中找出浪费的因素，并采取一些措施去消除无效的时间消耗以便最大程度地避免时间的浪费。柳比歇夫在统计时间的基础上制订下一年的生活计划，如此循环往复，直到生命的最后一刻。

柳比歇夫的时间到底哪里来的？他说：

“我在全苏植物保护研究所工作的时候，常常出差，一般我要带一定数量的书上火车，如果是长期出差，我就把书打成邮件，寄到一定的地点。带多少书，根据以往的经验来决定。”

“我在一天之内是怎么安排读书时间的？清早，头脑清醒，我看严肃的书籍（哲学、数学方面的）。钻研一个半到两个小时以后，看比较轻松的读物——历史或生物学方面的著作。脑子累了，就看文艺作品。”

“在路上看书有什么好处？第一，路途的不快你感觉不到，很容易将就；第二，神经系统的状况比在其它条件下良好。”

“坐电车，我看的不是一种书，有两三种书。如果是从起点站坐起（例如在列宁格勒），那就可以有位子坐，因而不仅可以看书，还可以写字。如果电车很挤，有时候只能把着扶手杆勉强站住，那就需要小册子，而且要比较轻松的。现在列宁格勒有许多人在电车上看书。”

柳比歇夫通过时间统计法养成了珍惜时间的习惯，通过精确的时间计算掌握了善用时间的技巧。他把时间和生命视为一体，因为生命是由时间构成的，是一分钟一小时累积起来的。正因为如此，他最大限度地利用了每一分每一秒，从而更好地规划了自己的生活。假如我们活 100 年，睡觉就需要用去三分之一的时间，即至少用 30 年，吃饭和娱乐的时间又得花去十几年，再加上年幼无知和老态龙钟什么事都干不了的时间，细算下来，真正能用在学习和工作上的时间实在少得可怜。在这么有限的时间里，如果我们不能利用好每一天的时间，又如何谈得上对生活的安排呢？尽管今天和昨天没有多大的区别，但随着时间的流逝，四季的变化，我们会发现时间过得是如此的快。因此，我们只有有效地利用时间，提高生活效率，才能做到用有限的时间去做更多的事情。所以，善用时间，才能规划生活。

## 给父母支招

**第一招：从监督孩子到自然养成习惯。**

小孩子常常会一边做作业一边看电视，总是到了晚上睡觉的时候才发现自己的作业才做了一半。这种情况下，父母可以用孩子感兴趣的活动来促进其完成不太感兴趣的学习。一开始的时候要监督孩子用多少时间做作业，做完作业才能吃饭；用多少时间整理自己的书包和房间，整理完可以多玩一会；用多少时间洗澡，洗完澡才能做孩子感兴趣的活动；晚上 9 点钟睡觉前，多余的时间可自己安排，比如看电视，上网等。这样一来，孩子自己就能学会做作业的时候专心一点，整理书包和房间的时间少用一点、洗澡的动作快一点，用省下点时间来玩耍。从督促到养成习惯以后，就可以放手让孩子自己安排时间了。

**第二招：从利用零碎时间提醒孩子珍惜时间。**

许多孩子常常把零碎的时间浪费在发呆和无所事事上。爱因斯坦说："人的差异产生在业余时间。"其实零碎的时间看起来微不足道，但汇合起来就大有可为了。这些零碎时间有：车站候车的三五分钟、旅途中的时间、医院候诊的半小时、电视广告的二三十秒等等。在这些零碎时间里，提醒孩子可以做下面的事情：

- 处理生活中的杂事：削铅笔、收拾文具、整理第二天要穿的衣服、整理书籍、笔记、剪报等。
- 读报刊和杂志：用零碎时间读自己喜爱的小故事和有趣的杂志，开拓孩子的知识面。

• 记忆零散知识：英语单词和语法，语文的语音、词语、标点、熟语等基础知识，背诵诗词、历史知识等。可以把这些零散知识做成记忆卡随身携带。

• 交流与请教：可以利用与同学、朋友、老师出去玩耍坐汽车之类的时间与他们进行交流和请教。

**第三招：从统筹时间开始带领孩子规划生活。**

规划生活就像建造楼房一样，要先有蓝图才能开始施工，先要打好基础才能建筑更高的楼层。所以规划生活先要有一个具体的生活计划，先要安排好每一天、每一周的时间才有资本去安排更长远的计划。

• 准备一个备忘录，首先花几分钟时间想好第二天要做的事情；其次，以小时为单位规划第二天做事的时间，并排列好每件事的重要性次序。

• 把计划书放在显眼处，监督执行。每完成一项就打√号，以增加孩子的成就感。

• 每天晚上对照检查完成的情况，未能完成的事项打？号，并把它顺延至第二天。未能完成的任务，第二天要孩子牺牲自由安排的时间来完成。

• 每学期和孩子一起订一个中短期目标规划，每年和孩子一起订一个长期的目标规划。

## 功课02 利用兴趣点，找到学习动力

很多父母每天早上送孩子上学都会一步一叮咛：“上课一定要认真听讲哦！学习好将来才能有好工作。”可是日复一日，年复一年，孩子还是没把话听进去似的，一说到做作业就要赖、偷懒，一说到去玩就兴致勃勃的。都说兴趣是最好的老师，要是孩子能把玩耍的兴趣放到学习上的话，那么父母就不用担忧孩子的成绩了。可是如果对学习不感兴趣，是不是就不必要求孩子学习了呢？其实不然，对学习的兴趣是可以从其他兴趣中延伸出来的。

### 小故事，大启示

舟舟出生于愚人节，而上帝或许也正是利用这个节日给舟舟开了个大玩笑，那就是看似身体健康的舟舟却是个智障儿！这将意味着舟舟是一个永远也长不大的孩子，不能上学，不能念书，甚至连幼儿园都不能上。舟舟是不是真的就永远不能成才呢？不是的，他有一段精彩的故事：

舟舟的爸爸是武汉交响乐团低音的提琴手。从3岁起，舟舟总是乖乖地跟着爸爸泡在排练厅里，并且一直都很认真仔细地观察乐团的老指挥张启。就在他6岁的一天，乐队排练休息的时候，有个叔叔逗他：“舟舟，你想不想当指挥？”舟舟听了快乐地回答：“当然想啊！”叔叔来劲儿了，要舟舟来指挥叔叔阿姨们奏乐。舟舟当然乐意，他爬上指挥台，把指挥棒一敲，说要来首《卡门》。舟舟把张启的动作模仿得惟妙惟肖，就连张启

一手指挥一手把眼镜往上推的动作都学得特别像，或许他以为这个动作也是指挥的要点之一吧！原来舟舟对音乐具有特殊的爱好，并且他能够对指挥的细节观察入微。

大人们乐了好一阵子之后就把事情给忘记了，但是爸爸把这一切看在眼里，把这看作是孩子的一项事业，并倾尽全力为舟舟的兴趣提供进一步发展的帮助。舟舟有了这第一次的指挥经历，对指挥更是爱不释手，他干脆就把自己当成是一名乐队的指挥家。舟舟除了听排练之外，还经常到商场、音像商店的门口去求别人放 CD，让他指挥。没有乐队，只有观众，他就凭空指挥，自己陶醉在自己的快乐当中。1999 年，舟舟开始了在全国乃至全世界的音乐指挥生涯，真正成为了一位普通人也难以成就的职业指挥家。

智商只有四五岁的舟舟能够取得成功，显然不是靠他个人的天赋，而是对指挥的狂热兴趣成为他决心成为指挥家的强大动力，这种动力增加了他孜孜不倦练习的恒心。再加上舟舟的父亲是个有心人，把舟舟表现出的对音乐的爱好看作是孩子的一项事业来发展。所以说，一个人能否成才并不取决他的智力，兴趣才是最强大的动力。学习也是同样的道理，如果对学习没有兴趣，做起来只会增加了自己的痛苦。只有利用孩子的一些兴趣点，再加以引导，就可以找到孩子学习的动力。

## 给父母支招

**第一招：启发和引导孩子的求知欲。**

小孩子对新鲜事物总是爱问“为什么”“这是怎么回事？”尽管这些问题千奇百怪，但是这正是孩子求知欲望的萌芽，因此父母应该给予积极的回应：

●问题没有是否幼稚之分，因此对于孩子的发问，父母一定要先给予肯定，并且及时进行表扬。有的孩子把闹钟拆开，有的孩子不停问为什么，父母若不了解孩子的特点把这看成淘气、捣乱，对孩子采取批评、冷淡、不理睬的态度，就会损害孩子智慧幼芽的生长，挫伤他们求知的积极性。

●尽量耐心地面对，并且用通俗易懂的语言进行解释。如果无法回答孩子的问题，则不应该用不正确的方式进行解释，而应该要与孩子一起认真地请教书本或老师。

●面对孩子特别感兴趣的事情，即使孩子没有发问，父母也要主动给孩子讲一些为什么。父母给孩子讲故事、读诗歌等能增加孩子的信息量，所以不要以为孩子还小，什么都不懂，但就是在他们似懂非懂的时候，却了解和积累了大量的知识。

**第二招：尊重孩子的爱好，发现孩子的间接兴趣。**

一位名叫胡劲的孩子读小学的时候对马桶的工作原理十分好奇，于是便动手拆了自家的马桶。他的父母并没有因此而责怪孩子搞破坏，反而十分支持孩子的做法，并且与孩子一起研究马桶的工作原理。其间，父母发现孩子对数学很感兴趣，便重点引导孩子用数学知识思考和解释其中的一些现象。直到现在，胡劲对数学的热情丝毫不减。从孩子独特的爱好中发现其真正的兴趣的过程，便是一个发现间接兴趣的过程，在这一过程中父母应该做到：

●不要毫无根据地批评孩子的怪诞行为。有的孩子喜欢乱涂乱画，可能是他乐意用五彩的蜡笔在纸上涂抹，看着五彩的线条在纸上延伸、扩展，他的思维、想象也会跟着遨游、旋转，并且在无意中得到发展。

●多让孩子参加各种兴趣班或外出郊游、参加社会实践，让他们自己找到自己的兴趣点。有的父母认为孩子学习劲头本来就不高，再参加兴趣小组会分散更多的精力，就不准他们参加课外活动，这种做法恰恰是放弃了引发孩子学习兴趣的好机会。

“原来这样啊，早说就叫我解梦好了。我倒觉得你这一次应该留下来把试考完再走。你看，墙上种菜不就是高种的意思吗？戴斗笠打伞不是说明你这次有备无患吗？跟你表妹脱光了背靠背躺在床上，不就是说明你翻身的时候就要到了吗？”秀才一听，觉得很有道理，于是决定留下来，并且胸有成竹地把试考完了。让他没有想到的是，这一次，他真的中了个探花！

秀才之所以能够考中探花，一个重要的原因是他摆正了心态，调整好了情绪。想想，如果他相信了算命先生的话，放弃了这次考试，那么他几年来的努力就付之东流了，更谈不上考出好成绩了。其实一个人的情绪和心态决定了自己的想法，有什么样的想法就会有什么样的未来。拥有积极心态的人就像太阳，照到哪里，哪里就亮；拥有消极心态的人就只能像月亮一样，初一、十五不一样。所以要想孩子学习好，父母就必须努力使孩子有好的情绪和心态。

## 给父母支招

不良的情绪体验不仅会影响孩子的学习成绩，而且还会影响孩子的健康状况，严重的甚至会导致孩子不同程度的心理障碍，因此父母有责任帮助孩子调整好情绪和心态。

**第一招：利用情绪感染功能去感染孩子的情绪。**

情绪最大的特点之一是感染性，如果父母本身的心态不好，会直接感染孩子的心情。因此，父母首先要调整自己的心态，降低对孩子的期望值，还给孩子快乐的童年。很多父母喜欢把自己的孩子与别人家的孩子做比较，这无形中增加了孩子的心理压力，往往使孩子产生自卑感。所以父母在孩子的成绩面前，不仅要看到孩子失败的地方，更要看到他们做得好的地方。孩子取得成绩而喜悦时，父母应表露自己的满意和快乐；孩子受到挫折时，父母应善于体谅和安慰。

**第二招：帮助孩子寻找失败原因时要注意客观性。**

父母在帮助孩子找原因时要注意针对事情本身寻找客观原因，而不应该针对孩子个人，以免伤害了孩子的自尊心。

• 父母不应该因为孩子一两次的考试失败而断定孩子是个笨小孩，孩子考试失败的原因可能是因为粗心大意，也可能只是对某个知识点在思考方法上有错误，不要“一竿子打沉一船人”。当孩子对某一门课程的一部分感到困难时，可以表扬他这门课的另一部分还是学得好的。

• 孩子有了挫折、错误，批评教育是应该的，但是应当选择适当的时机。当孩子因挫折、错误陷入悲伤之时，最需要的是谅解和安慰，而不是批评，更不能训斥。

• 父母批评时也要注意正确性，如当孩子对父母不适当的批评表示出反感时，父母应当主动承认错误，说明父母也有错的时候。

**第三招：引导孩子多角度认识问题，使其情感向正确方向发展。**

孩子的感情是丰富的，而且他们的自我调节能力很有限，所以常常会表露出不适当的情绪。父母应该引导孩子从不同的角度去看问题，使消极情绪转化为积极情绪。

• 用朋友式的态度去对待孩子的情绪。例如，很多孩子往往会因为不喜欢或者害怕一个老师，就会开始讨厌这位老师所教的科目，如果这种情绪没有得到调整，就会扩散到讨厌其他科目上。这个时候，父母应该首先体谅、理解孩子的情绪，然后引导孩子：“老师并不可怕，只是大家还没有了解他，以后多与老师交流，就会发现老师也会有可爱的一面了。”

• 从小事引导孩子从不同角度认识问题。例如平时玩扑克牌的时候，可以问孩子玩扑克牌有哪些好处，有哪些坏处。

**第四招：引导孩子适当宣泄情绪，迁移消极情绪。**

孩子的情绪本身没有对错之分，所以父母应该允许孩子把一切情绪都表露出来。孩子把心事吐露出来，才会觉得轻松和舒适，才会形成开朗而不孤僻的性格，父母也可以从中了解孩子的心思，给予安慰、鼓励或纠正。孩子受了委屈后生气或哭泣时，应该让他表露出来，阻止孩子哭泣，责备孩子发怒，漠视孩子悲哀，讥笑孩子惊惧等都是不应该的。其直接后果就是孩子抑制自己的情绪而不表露，形成孤僻的性格。

除了要适当宣泄情绪之外，迁移消极情绪才能调整好心态，父母可以引导孩子采用以下方式调整自己的情绪：

• 倾诉法。父母要让孩子了解哭诉并不可耻，是人类的正常行为。当孩子悲伤时，应该让他好好地哭一场，父母在这个时候无须过多地干预，只要平静地陪着孩子。有些事如果孩子觉得跟父母倾诉不方便，可以引导他们向亲人、朋友倾诉；如果觉得向亲人、朋友倾诉都不合适的话，可通过写日记或找心理咨询师来帮忙。经过一番诉说、哭泣，烦闷情绪就能够得到一定程度的化解，同时还有可能得到许多有益的“点拨”或安慰。

• 化消极情绪为身体活动。例如听音乐、涂鸦等，有助于使人心情愉快；和孩子一起去散步，到风景秀丽的野外欣赏大自然风光；美味的食物可以让人暂时摆脱人生的烦恼；跑步、疾走、游泳、骑车等是改变恶劣心情的有效方法。总之，要引导孩子寻找到适合自己的、有助于情绪迁移的身体活动方式。

• 深呼吸放松法：让孩子找一种最舒服的姿势坐好，引导他们闭上眼睛，先慢慢吸气，感觉小腹鼓起，停两秒钟，缓慢的用嘴吐气（不用鼻子呼气）。当孩子的心理压力太大而无法进入睡眠状态时，可以用此方法，反复做几次，就能在不知不觉中进入睡眠。

# 功课04

## 摸清用脑规律，有效提高效率

不少孩子学习非常勤奋，天还没亮就开始晨读，到了夜深人静的时候还奋战在台灯前，这种情景似乎很令人感动。按理说，天道酬勤，可是也有不少孩子的学习效果和他们的付出很不相称。其实如果摸不清用脑的规律，不注意用脑的科学性，一味地往脑子里塞知识，往往会在学业上收获甚微。

### 小故事，大启示

艾宾浩斯是德国著名的心理学家，一个偶然的机会使他对记忆规律产生了浓厚的兴趣，于是他开始了对记忆的研究。

艾宾浩斯使用不同的材料进行研究，但是他发现个人已有的经验会对记忆产生影响，所以为了排除已有经验对记忆的干扰，他发明了用无意义音节来做实验的方法。无意义音节是指那些没有任何意义联系的字母组合，因此这些字母组合不会受到个人知识水平的影响。也就是说，不管谁来记忆这种音节都具有同样的难度。艾宾浩斯以自己为研究对象，严格控制自己的作息时间，以便能够在同样的条件和环境下进行科学研究。经过多年的测试，他发现：记忆有意义的材料比记忆无意义的材料要快得多。另外，记忆音节短的材料比记忆长的要快得多。

这个规律告诉我们，学习中的遗忘是很有规律的，而且遗忘的进程也不是均衡的。我们的大脑并不是平均每天忘掉几个材料，而是开始时遗忘得快，后来就逐渐减慢，当时间不断延伸，遗忘几乎停止下来。也就是说，随着时间的推移，遗忘的速度减慢，遗忘的数量也就减少，这就是记忆的“先快后慢”原则。中国填鸭式的教育方式很难提高孩子的学习效率，虽然我们很难改变这种传统的教育方式，但是我们可以好好利用大脑的遗忘规律，有效地提高学习效率。

## 给父母支招

每个父母都希望自己的孩子有一个聪明的头脑，可是常常找不到使孩子变得更聪明的切实可行的方法，这主要是因为父母还没有摸清孩子的用脑规律，未能帮助孩子把学习效率提高上去。

**第一招：调整属于孩子自己的大脑“生物钟”。**

美国的科学家发现，人的智力会有周期性的变化，每个周期都有高潮期、低潮期和临界期。当人处于高潮期时，体力充沛，精力旺盛，情绪良好，心情愉快，创造力丰富，思想敏捷和记忆力增强；低潮期时，体力易疲劳，做事易拖沓，情绪易低落，注意力不集中，健忘和判断力差；临界期处于高潮期和低潮期之间，身体和精神处于频繁变动的状态，容易发生差错或事故。另外，每个人脑的活动还有自己的特殊规律。既然大脑有各自不同的“生物钟”，那么就可以按照各自的生活环境和作息时间进行调整。父母应了解并充分利用孩子的最佳用脑时间，以提高孩子的学习效果。一般来说，早上起床1～2小时、上午8：00～11：00、傍晚16：00～20：00、就寝之前1～2小时是人们一天中的四个记忆高峰期。下面是一名清华学生高考时总结的时间安排，可以作为父母引导孩子调整用脑时间的参考方案。

- 6点～8点：这是第一个学习高效期。这个阶段孩子的头脑最清醒，可以学习一些难记忆而且必须记忆的东西，如英语单词、数学公式等。有时即使强记不住，大声念上几遍，记熟的可能性强于其他时间。

• 8 点 ~ 10 点：这是第二个学习高效期。这一阶段孩子的精力充沛，大脑具有严谨而周密的思考能力、认知能力和处理能力，所以可以在此时攻克难题。

• 10 点 ~ 12 点：这段时间短期记忆效果很好，适宜对马上要考核的东西进行抢记。

• 13 点 ~ 14 点：饭后人易疲劳，应该休息调整一下。最好午休，也可听轻音乐，但午休切莫过长，一般半个小时至 1 个小时左右为宜。

• 15 点 ~ 16 点：此时长期记忆效果非常好，可合理安排记那些需“永久记忆”的东西，如记忆单词和公式等知识。

• 17 点 ~ 18 点：这是完成复杂计算和比较消耗脑力的作业好时间，适宜做复杂的作业。

• 18 点到 21 点：这是第三个学习高效期，所以可以利用这段时间来回顾、复习全天学过的东西，加深印象，分门别类，归纳整理，同时也是整理笔记的黄金时机。

• 入睡前 1 小时：这是学习与记忆的第四个高潮期，利用这段时间来加深印象，特别对一些难以记忆的东西加以复习则不易遗忘。

**第二招：善于利用左右脑的功能，提高学习效率。**

人的大脑分为左右两个半球，左脑主要负责语言、理解、逻辑思维和计算活动；右脑主要负责形象感知、记忆、时间概念、空间定位、音乐、想象、情绪和情感等活动。我们常常更加注意语言文字的表达和抽象思维的训练，使左脑负担过重，这是不科学的用脑方式，还往往会使学习变成苦差事，效率始终不能达到最佳程度。所以在学习上应该注意把右脑的机能充分发挥出来。

• 五官、手脑并用。有人发现，学习同一内容，如果只用视觉，可接受 20%；只用听觉，可接受 15%；视听并用，可接受 50%。这说明学习时多种感觉器官共同参与，可以明显提高学习效率。在学习方法上要注意形式多样，既有看、读、写、听、说，也有形象感知和实物印证。这样可以充分调动两个脑半球共同作用，使学习效果更好。

• 在学习过程中要注意左右半脑的间歇使用，将不同的学习内容错开进行。孩子长时间地进行计算或抽象思维之后，就可以让他们听听音乐或参加一些文体活动，哪怕是最简单的左手掰腕活动。这样调动起右脑功能，使左脑得到片刻的休息，不仅能提高学习效率，还能增加学习乐趣。

**第三招：注意利用记忆规律，不宜长时间连续用脑。**

孩子在连续学习之后常常会出现生理或心理的不适状态，表现为大脑反应慢、头疼或麻木、注意力分散、思维滞缓、情绪不稳定等症状，因此父母要注意保证孩子的大脑健康。

• 善于运用记忆规律提高学习效率。早在100多年前著名德国心理学家艾宾浩斯就绘制了著名的记忆曲线。这条曲线说明孩子在学习知识后，第一次复习应该在9小时之内进行，在遗忘高峰到来之前复习，可以有效巩固知识；第二次的时间要在一两天之后进行；第三、第四次复习同上次相差一个星期左右；再到后来可以隔得较长一些，越往后复习时间越少，临到考试再复习，效果就会很好。

• 保证孩子充足的休息和睡眠时间。有人把一批学生分为两大组，要求两组学生学习相同的内容，但要求一组学生在学习中间可以获得5分钟的休息，而要求另一组学生连续学习不给休息。结果发现，可休息组学生的记忆力要比无休息组学生的记忆力高22%。这说明在学习中间，如果能注意适当休息，则可消除大脑疲劳，减少遗忘。一般认为，小学生一次做功课或看书学习的连续时间不宜超过半小时至1小时。另外，研究发现，睡眠是大脑的主要休息方式，只有充足的睡眠才能使大脑得以消除疲劳，保持正常工作。因此，父母应安排好孩子的睡眠时间，使孩子睡得好、睡得足，千万不要允许孩子开夜车。

# 功课 05

## 玩出点名堂

中国的父母常常以“业精于勤荒于嬉”来督促孩子多花心思在学习上，认为让孩子玩是浪费了时间。其实对于孩子来说，玩就是生活，如果没能给予他们足够玩的时间，他们的身心可能得不到正常的发展，甚至会对自己的未来感到迷茫。

### 小故事，大启示

在一个国庆假期，10 岁的张珂煊和她 7 岁的好朋友衡思贝偶然看到了一位泥人师傅，这位师傅玩弄着手中的泥巴，不一会儿功夫就能捏出各种各样栩栩如生的人物、动物等。两位小朋友被这位师傅的绝活迷住了，硬要跟着这位师傅学习捏泥人的技巧。这位师傅见两位小朋友诚心喜欢这门手艺，就答应收这两位为徒弟。两位小朋友每个周末都到师傅那里学习，风雨无阻。平常一放学就回家里苦练。而她们的妈妈也非常支持孩子的爱好，还跟着她们一起学习。有时候妈妈还和孩子一起来个比赛，切磋手艺，共同进步。

一天天过去了，两位小朋友的手艺越发精湛，从最开始的捏茶壶、南瓜等简单的物品，到现在像时下最流行的动画人物喜洋洋和灰太狼，她们也能信手拈来捏什么像什么。现在，她们一有空就会到树林捏泥人，还引来很多热心观众，他们甚至一起参与，一起玩耍，创作出属于自己的艺术作品。当小朋友把精心制作的圣诞老人、戏剧人物、传统人物等一件件作品送给快乐的人们，与大家分享着童真的喜悦与欢乐的时候，两位小朋友和她们的父母都感到特别地自豪。

小孩子用自己灵巧的小手为中国民间艺术创造了更广阔的天空，不管她们长大后会从事什么样的职业，相信她们永远也不会忘记泥巴所带来的快乐。也正因为她们的努力，也为中华民族的非物质文化遗产艺术得到传承尽了一份力。

爱玩是孩子的天性，也正是在玩中才能使他们的好奇心得到满足。在玩的过程中，孩子们通过摸、闻、听、看来打开他们的智慧之门；通过与伙伴一起玩，可以培养他们表达的能力；通过模仿，可以拓展他们的想象力；通过动手，可以促进他们手与眼的协调能力；进行闲暇活动还有助于塑造孩子健康良好的个性，陶冶崇高美好的情操。让孩子们从“玩”入手，发展兴趣爱好，逐渐专深，向往发明创造，立志成才，这就是“玩——兴趣——志向——创造——人才”的有机链状联系。所以，玩是一种活动，而且是有益的活动，会玩还能玩出点名堂来。

## 给父母支招

**第一招：让孩子自由地玩，不要把生活安排得太紧迫。**

美国儿童教育学者汤姆斯·阿姆斯壮指出，自由玩耍比有计划性的活动，对学龄前的孩子来说更为健康有益。父母要避免将孩子的时间塞满各种活动、课程。对于孩子的玩，父母不应加以条条框框的限制，这是因为孩子在玩的时候大脑可以飞速运转，思想不断闪出火花，这对培养孩子的想象力和创造力是十分有益的。玩中有生活的影子，孩子们会根据自己的理解改造生活。因此，所有的孩子都需要有一些无所事事，随性玩耍的时间。父母可以安排每天做完功课后的半小时到 1 小时给孩子作为自由玩耍的时间。

**第二招：让孩子与其他孩子一起玩，但父母要做孩子最好的玩伴。**

在大多数独生子女的家庭中，孩子和同伴之间的交往变得越来越重要，多让孩子与其他孩子一起玩要可以促进他们的社会化发展。然而常说“近朱者赤，近墨者黑”，由于家庭教育背景的不同以及孩子认知能力的有限性，他们一旦与有坏习惯的孩子玩要就很容易染上坏习惯，所以父母要引导孩子选择好的玩伴。

另外，父母与孩子一起玩不仅可以建立深厚的亲子感情，还可以在玩的过程中指导孩子，提高孩子玩的水平。

• 父母应认真对待游戏的过程，并且全副身心投入到游戏之中，否则的话会让孩子感到十分扫兴，对父母失去信心。

• 父母不应该以父母的权威地位指责孩子在游戏过程中所犯的错误，应该以朋友的身份和孩子一起玩。在孩子未能掌握游戏的技巧时，父母应该耐心地进行解释，千万不能不耐烦地说孩子笨，这样会打击孩子的自尊心，或许以后孩子再也不和父母玩了。

• 父母可以和孩子比赛，有助于了解孩子的心理。对于自信心不足的孩子，父母在比赛时可以假装落后，以提高孩子的成就感；对于过于好强和好胜心过强的孩子，父母应胜他一筹，以锻炼孩子正确地面对失败和挫折的能力；孩子不讲理、要脾气的时候，父母要注意在下一次游戏时，先讲好规则，约法三章，避免孩子形成坏脾气。

**第三招：玩要带有目的性，把玩游戏变成孩子学习知识的一种方式。**

父母指导孩子玩游戏的目的主要有两个，一个是开发孩子的智力，另一个是通过游戏发展孩子的体力，使他们的身心得到健全发展。

• 让孩子在游戏中学会观察。孩子的心智发展主要是靠间接经验而获得，因而让孩子在游戏中认真观察，自己总结经验是发展孩子智力的主要方式。例如，在玩的过程中可以让孩子说出他们的想法，不仅要说得有条理，而且要说得生动，并鼓励他们写下来。

• 让孩子在游戏中感受人生。父母和孩子可以做角色扮演的游戏，首先设计好各自的角色，大致的对话和玩法，让孩子在游戏中了解人与人之间的关系，感悟各种人物的思想感情，体会生活的乐趣。

- 把娱乐性游戏演变成健体和益智游戏。例如，在饭后见到盘中的水果马上问有几个，或问孩子卧室哪几件东西是红色的，这些小游戏不仅可以锻炼孩子的视觉灵敏性，还可以发展他们的记忆力；玩各种模仿游戏，让孩子学会控制自己的肌肉；把历史、数学等功课的知识点整理成卡片，一面为问题，另一面为答案，与孩子一起竞赛看谁最快得出答案，这类游戏既能提高孩子的记忆力，又能锻炼他们动作的敏捷性。

## 功课06 做生活的有心人，展现创意

在众多的国际比赛中，中国孩子往往出类拔萃，表现出比其他国家孩子更高的智商。可是在诸如诺贝尔奖的各类讲求创造力的比赛中，又有多少中国人能得到奖项呢？这是因为中国的孩子只要能回答“标准答案”就能得高分，就能考入重点学校，这与老师和父母的愿望是相符的。然而这种教育完全压制了孩子的创新能力，以致造就了一大批循规蹈矩、缺乏创造力的、高分低能的孩子。

### 小故事，大启示

裘苑是上海市一个普通的小学生，小小年纪的她可是一个有名气的小发明家。在全国第三届“亿利达青少年创造发明奖”评选活动中，她凭着自己的小发明“无空耗微动传感报警器”，过五关斩六将，一举夺得了该次活动的桂冠。共青团上海市委表彰了裘苑，授予她“少年爱迪生”的光荣称号。

一个小孩子是怎样变成发明家的呢？裘苑告诉大家，秘诀就是从日常生活中去思考。

小学三年级的时候，裘苑参加了少年科技站的活动，因为她很想发明出许多好玩又实用的东西。可是时间一天天过去了，看着别的小朋友发明了一件又一件小创造，而自己却想不出可以做些什么，裘苑十分着急。爸爸看出了她的苦恼，于是给她讲了一个有趣的故事：国外出租车跟中国一

样是招手就停的，可是有时由于行人比较多，司机常常看不清楚招手的人。有个人想，这主要是因为招手的标志不明显，于是这个人就发明了一只大大的充气塑料手，外出时折叠好放在口袋里，等到需要的时候只要把这只塑料手吹大，用它来代替招手。结果这只塑料手很受欢迎，发明者也因此获得了专利权。爸爸对裘苑说："世界上的事情不怕做不到，就怕想不到。从哪里去想？就从日常生活的所见所闻去想。"

这个故事让裘苑恍然大悟。一天，她在家里发现了几只蟑螂，这蟑螂肆无忌惮地在厨房里爬来爬去。裘苑试图去打死它们，但是这蟑螂可精灵了，一下子就跑掉了。而即使被打到的蟑螂，它们的生命力也强，很难将它们杀死。裘苑憋了一肚子气，突然眼前一亮：就发明一个灭蟑螂的东西吧！于是她找来一个废弃的旧手电筒，里面放一些食物，那些自命不凡的蟑螂都乖乖地爬了进去。裘苑用它消灭了许多蟑螂。

还有一次，裘苑发现女孩子喜欢穿裙子，可是上体育课不允许穿，所以每次都要换成裤子，这样很麻烦。她灵机一动，发明了一种方便裙。这种裙子由两个部分组成，里面一层是短裤，从腰带处再翻下来一层就是裙子，灯笼似的。不过它与普通裙子不同，它的两边装了两条拉链，上体育课时，拉锁拉开，裙子朝上一翻，肩膀处再一扣，马上就变成了一条马甲连裤衫，又好看又方便。裘苑的这个创意还在全国青少年创造发明比赛中得了奖呢！

裘苑正是因为注意对生活中司空见惯的事物进行细心的观察，并从中生发联想，才创造出自己需要的新东西。生活经常在不经意的时候给予我们许多东西，如果我们注意到了，并且及时地抓住了，这便是一笔宝贵的财富。所以，要想孩子具有一定的创造力，父母就要引导他们学会观察和思考生活。只要做生活的有心人，就能展现出创意。

## 给父母支招

**第一招：注意孩子的创造力萌芽，保护孩子最原始的创造意识。**

孩子的思维由于没有条条框框的约束而不受时间和空间的限制，所以他们往往比成人具有更丰富、更大胆的想象思维，这种思维的发展会产生一种创造的力量。孩子的创造思维萌芽表现为：

● 对某件事物有强烈的兴趣。孩子对这些事物往往能提出一些令人无法回答的问题，所以当孩子跑到父母身边问这问那的时候，父母要抓住时机进行教育，尽量满足孩子这些正当的要求，而不能认为孩子总给自己添麻烦，把他打发了事，这样会把孩子创造力的幼苗扼杀在萌发状态之中。

● 能独立思考和解决问题。当孩子急切地努力完成某一任务，当他们在失败和困难面前不轻言放弃，当他们敢于发表意见并坚持己见，当他们一旦认为自己对就不怕别人嘲笑而坚持做下去的时候，说明他们试图解决一些新问题。

● 对挑战有积极和敏感的反应。当孩子乐于处理比较困难的事情，并且对成人的建议和提问能积极思考，并且敢于提出自己不同的意见的时候，说明他们试图发现新的事物。

**第二招：循序渐进，创造条件。**

● 允许孩子因好奇而犯错误。有的孩子因好奇而做错事，如想看看玩具汽车里面究竟是什么东西，结果把新买的玩具拆坏了，如果父母不由分说地采用惩罚方法对待孩子，只会阻碍他们创造力的发展。这个时候，父母应该对他们耐心地说明道理，指出其错处，同时要鼓励他们试验探索的精神。

● 将观察与正常的学习生活结合起来。引导孩子将所见所闻有条理地说出来，启发孩子将这种观察兴趣迁移到学习的各个方面。

● 为孩子的观察行为提供必要的支持。如提供观察物放置的场所，可以在家中设立生物角或动物角，为含羞草、热带鱼的生长、生存提供阳光和养料，必要时可出资购买一些孩子们喜欢的观察物，不断补充新的、鲜活的观察标本，防止孩子因看腻了而失去观察兴趣。还应鼓励孩子收集各种废旧材料，如纸盒、纸板、线团、石子、贝壳等。

**第三招：激发热爱生活的热情，提高观察生活的自觉性。**

观察生活应该是一种主动和自觉的智力活动，因而要培养孩子关心生活、积极向上的品质。父母可以多让孩子看报纸，看新闻，使他们感觉生活是如此的丰富多彩，是如此的快乐。父母也不要因为工作的疲惫而埋怨生活的无奈，而应该更多地向孩子传达生活愉快的信息。

## 功课07

## 学习模仿，可以拓展思路

现代社会常常要求人要创新，所以人们往往讨厌那些只会模仿的人。可是仔细想想，任何一个人从睁眼看世界，到开始哭、笑、牙牙学语、迈步走路，直到上学，整个过程都离不开模仿，模仿父母，模仿老师，模仿与之接触的人。由此可见，模仿并不有害，正确的模仿还有助于人的成长。

### 小故事，大启示

有一个人想做一套家具，他走到树林里砍倒一棵树，并动手把它锯成木板。这个人锯树的时候，先把树干的一头搁在树墩上，自己骑在树干上。此外，他还往锯开的缝隙里打一个楔子，然后再锯。过了一会儿，他把楔子拔出来，再打往另外一个缝隙里。

一只猴子见到有人来砍树，很好奇，于是它坐在树上观察这个人怎么砍树。这只猴子心想，原来伐木这么简单。

这个砍树的人干了一个上午累了，于是躺下来打盹。猴子见这个人睡着了，就爬下来骑在树干上，模仿起人的动作来。猴子发现锯树确实是挺轻松的事，但是当猴子要拔出楔子的时候，它却没有留意自己的尾巴，树一合拢，夹住了它的尾巴。

猴子疼得大叫起来，不管它怎么挣扎也无济于事。猴子的尖叫声把人吵醒了，最后被这个人用绳子绑了起来。

猴子虽然模仿到了人是怎样砍树的，但是它缺少创新的意识，没有留意到自己有尾巴，这是与人的不同之处，由于没能注意尾巴应该放的位置而以悲剧结束。无论是古代还是现代，中国还是外国，模仿一直是人们学习的一个行之有效的方法，但是模仿是为了超越，如果在模仿中没有超越和创新，它就会给人带来负面的影响。伟大的成功学大师安东尼·罗宾曾说："模仿是通往卓越的捷径"。意思是说：创新绝不是成功的唯一出路，通向成功有一条重要的捷径是吸取和消化前人优秀的成果，借鉴和模仿别人已经成功的模式。这个社会要求孩子能创新，但父母更应知道，模仿是创新的前提和基础，创新则是一种提高，脱离模仿的创新无异于是缘木求鱼。所以，父母不要一味要求孩子凭空地创新，只有先让孩子学会模仿，才可以拓展他们的思路。

## 给父母支招

**第一招：引导孩子模仿榜样，首先要吃透经验的本质，从更深层次理解榜样。**

榜样的经验常常是他们在活动过程中的一些体会，所以在请教榜样的经验时最好亲身观察其活动的过程。例如写作，作家的创作经验是他创作实践中的一些体会，包括他在创作过程中为什么这样写不那样写的一些思索，这些体会和思索有些是概括性的，甚至是一般规律性的。有些则是针对某个具体问题或技术问题，只有结合作家的原作，才能领会得深，才能弄明白，化为自己的血肉。

**第二招：帮助孩子模仿榜样的经验，在模仿的过程中要注意根本性的东西。**

榜样的经验往往是很深刻的思考，而且这些思考也是根据他们本人的特点和角度来谈的，所以任何一个榜样都不可简单搬用，而要注意精神实质。比如有的作家谈到他的创作时说，在他的作品中虚构与事实的比例是八比二；而有的作家却说，他离开实际生活就无法进行想象。如果不加分析，就会感到真不知如何对待这样的经验，但只要一分析就会了解到他们都是从各自的角度讲了生活与想象的重要，谈的是他们的切身体会，我们只要领会精神实质就行了。

**第三招：引导孩子要结合自己的实际，找准切入点，做到有针对性地模仿。**

由于榜样的经验只是他个人的体会，与我们自己的经历有所不同，所以我们一定要结合自己的实际，运用自己的智慧进行独立而有针对性的借鉴，尤其是要找准自己的切入点，使之为我所用。例如，在学跳芭蕾舞的时候，自己的伸展动作做得不好，而榜样舍去了平衡性做出了这个动作，此时自己应该注意，在完成伸展动作的同时也要保持平衡。

**第四招：引导孩子把自己的和模仿来的经验进行整合，做到具有创造性的模仿。**

模仿榜样的经验一定要和自己的创作个性、艺术气质、趣味爱好结合起来，这样模仿的东西就比较好消化。模仿并不等于机械地生搬硬套，但孩子在开始借鉴时免不了要模仿的，这不是坏事，只是不可永远模仿。像描红、临帖那样，到了一定时候就要独立走自己的路，在走自己路的过程中，对别人的经验创造性地借鉴。

## 功课 08

### 自我激励，坚持到底的动力

很多父母常常埋怨自己的孩子做事半途而废，这是由于小孩子心智还没成熟，他们的毅力和自制力都比较差。父母给予及时的鼓励，孩子就会有继续努力的动力。然而孩子一旦离开父母的表扬显得自信心不足，或者没有自制力时，孩子需要自我激励。

#### 小故事，大启示

在 1968 年墨西哥城奥运会马拉松比赛中，坦桑尼亚选手艾哈瓦里在比赛过程中意外受伤。大多数人都以为他会因此而放弃比赛。然而，当他缠着绷带、拖着流血的伤腿一瘸一拐地最后一个人跨过终点线时，全场数万的观众都激动地站了起来，为这位坚强的比赛者鼓掌，雷鸣般的掌声经久不息。尽管这个时候离枪响声已接近 4 个小时，天色也渐渐暗淡下来，其他的选手早已回去休息了，对艾哈瓦里来说，跑不跑到终点都已经没有名次了。但是，这位勇士没有选择放弃，坚持到最后，跑到终点。观众掌声表达对他最崇高的敬意，这是一个多么令人感动的场面！

赛后，记者采访艾哈瓦里的时候问："您为什么不退出比赛？"

艾哈瓦里笑了笑，只轻轻说了一句："我的祖国派我到这里是要我冲过终点的。"

记者又问："是什么力量让你坚持跑完全程的？"

他回答："我只是不断地告诫自己，一定要跑完！"

艾哈瓦里能够坚持到底除了具有明确的目的以外，更重要的是，他能够在没有外界鼓励的情况下进行自我激励。众所周知，外界的表扬常常是孩子继续努力的动力，所以父母可以从早到晚鼓励孩子，可是终有一日孩子会离开父母的视线而独立生活，那么这个时候动力又来源于哪里呢？其实，只有把外在的强化转化为内在的激励才是推动发展的主要动力，因此自我激励才是推动他们继续前进的最终动力。

## 给父母支招

**第一招：对孩子的表扬要改变用语代词。**

要孩子戒掉对外界激励的依赖首先要给孩子暗示，这种暗示可以通过语言表达出来。就是说，在表扬的时候父母把主语“我”变成“你”。例如，把“你今天很认真做功课，我真为你感到骄傲!”改为“你今天很认真做功课，你一定为自己感到骄傲!”尽管这只是简单的代词变化，但是这种方法祛除了赞许声中来自外界的强调色彩，更多地暗示孩子认识到自己应该认可自己的正确行为。

**第二招：创设情境，让孩子自己激励自己。**

父母可以根据孩子的年龄及家庭的实际条件，在家里创造积极的环境。例如把孩子的房间布置的充满向上、乐观的气氛，多组织轻松愉快的家庭游戏，让孩子通过了解生活和周围世界养成自我激励的习惯。

当发现孩子有消极情绪时，父母应该及时采用适当的方法帮助他缓解紧张的情绪和压力。例如，可以建议他们对自己说：“即使不如人家，但毕竟尽了自己最大的努力，继续试着做，并满意自己所做的，不要胆怯、害羞。”当孩子遇到困难和压力时，父母要鼓励他们自己动脑筋想办法，有需要时才请求帮助。这样，孩子在独立解决问题的过程中就能体会到运用自我激励的喜悦。

**第三招：把无形的语言激励转化成有形激励，强化孩子的自我激励。**

当孩子对自我表示肯定之后，应该加以强化，稳定这种情绪，从而使之成为他们坚持到底的动力。

- 记一本成功日记。让孩子每周写或画一次自己获得的成功，并告诉他们，成功其实是自己对自己做出的任何改进以及为这些改进所付出的努力。
- 让孩子给自己写信。鼓励孩子在自己行为良好或尽了自己努力追求成功的时候，给自己写一封信。在写信的时候，他可以使用自己喜欢的身份，如父母、班主任或校长等，记载自己认为值得赞赏和鼓励的行为。
- 让孩子给自己设计一份奖品。为孩子准备一些彩色纸、画笔、颜料等物品，在他们每做一件令自己骄傲的事之后，为自己制作一幅图画或一张贺卡作为奖品。

## 功课 09

### 改变思维习惯，挖掘自己潜能

我们常常会见到这样一个可笑的场景：孩子不小心从椅子上摔下来，摔痛了，哭了起来，父母为了哄他不要哭，于是一边拍打椅子一边说："宝宝乖，不要哭，都是椅子的错。"这样，孩子从小就形成一种观念：什么问题都是别人的错。为什么很多孩子的毛病总是改不掉，就是因为他在内心深处从不认为是自己的错。

### 小故事，大启示

1929 年 7 月，美国国庆节前夕，一个 11 岁的美国男孩不知道从哪里搞来一些禁止燃放的鞭炮，一天下午，这个小男孩走到一座桥边，朝桥边的砖墙放了一个威力巨大的鞭炮。当小男孩随着巨响而兴致勃勃的时候，警察来了，把他带上了警车，送到了警察局。

这位警察认识小男孩和他的父亲，但是他依然严格地执行烟火禁令，要这个小男孩交 14.5 美元的罚金才能让他走。小男孩自然是交不起罚金了，只好叫父亲来解决。这位爸爸没有找任何人为自己的孩子说情，而是默默地替孩子交了罚金。爸爸当时没有说太多的话，但是回到家后，他跟儿子说："这件事是你自己惹的祸，你必须对这件事负责任。所以你以后要通过打工来还我的钱。"这个小男孩后来做了许多零工，还清了欠爸爸的罚金。这位小男孩就是后来的美国总统里根。

经过这件事，里根懂得了一个人要对自己的过失负责，这也是他能够成为伟人的重要一课。如果这件事发生在中国，儿子被警察局抓去了，当父母首先想到的，很可能就是通过找关系来解决问题。这就是中国父母与美国父母在教育孩子方面的区别。现代心理学研究表明：绝大部分正常人只运用了自身潜藏能力的10%。很多父母以为挖掘孩子的潜能就是培养孩子绘画、音乐、体育等方面的能力，其实挖掘孩子潜能的核心应该是培养孩子良好的思维习惯。那些遇事只会怪别人、从不找自己问题的孩子做事总是被动的，他们常常只能跟着别人变好或者变坏，而只有那些能够把握自己的人才能成功。所以，要想充分挖掘孩子的潜能，首先要改变他们的思维习惯。

## 给父母支招

**第一招：父母要改变自己的观念，引导孩子遇事首先要改变自己。**

那些实现自己的目标，取得成功的人，并非都有超凡的能力，而是有超凡的心态。他们能积极抓住机遇，创造机遇，而不是一遇到困难就寻找借口。

• 父母以身作则，为孩子树立榜样。孩子做事常常喜欢怪别人、遇事喜欢找借口并不是天生的，而是经过长期“观察”父母遇事的态度得来的，所以父母所做的首先是改变自己的观念，以身作则。父母不能老在孩子面前“怪别人”，也不要老为自己未能实现某种目标找出无数个理由。

• 帮助孩子体验到通过改变自己就能改变别人。有这样一个故事：一位年轻人听说深山里有一位高人会移山之术，于是前往请教。高人就带着年轻人向左边的一座高山走去，翻过高山来到山下后，高人说：“孩子，这座山刚才在我们的左边，现在在我们的右边。这就是我的移山之术。”高人的意思是说：客观环境是不可改变的，但是我们能通过改变自己，以便换一个角度改变客观环境。所以，当世界不能改变的时候，只能踏踏实实地去改变自己。

**第二招：引导孩子实事求是归因，提高自我分析的能力。**

如果孩子常常因为考试失败而归咎于自己的能力不行，即使取得了好成绩也只认为是自己运气好，这会让他们感到自卑或心存侥幸，缺乏学习的积极性。这种消极归因使孩子忽视了自己那巨大的、可利用的智力潜能。

• 归因要实事求是。学习归因一般有三个维度：内在外在维度、稳定性维度、控制性维度。例如，考试挂“红灯”归因于自己笨，这便是内在的、不稳定的、不易控制的归因；作业得100分，归因于自己的态度认真，这便是内在的、稳定的、易控制的归因。实事求是归因就是说，孩子每次考试之后，对于成功和失败不要简单归因为自己或者外界的原因，而应该根据实际情况，从以上三个维度来分析原因。

• 帮助孩子提高自我分析能力。孩子们学习上的错误归因主要源于自我意识整合不良和分析能力不强。因此，父母与老师有责任帮助孩子经常进行自我分析，在实践中加强自我意识，学会正确归因，以激发内在的学习动力。

## 功课 10

## 进行自我教育，能走得更远

很多父母觉得孩子没把他们的话听进去才会常常犯同样的错误，所以他们整天对着孩子唠唠叨叨。而孩子对父母的啰嗦不仅没有心存感激，反而觉得很烦，于是就采取逆反的态度来对待，然后父母又开始他们的唠叨。这样形成一种恶性循环。其实，每个孩子的行为表现都受到自我的制约，要想他们能“长点记性”，在以后的人生道路上少走弯路，就需要让他们养成自我教育的习惯。

### 小故事，大启示

一天，妈妈帮3岁的小妮子买雨伞，当时背的是一个背包，因为太大意而被小偷偷了手机。回到家里，妈妈不经意在小妮子面前提起这回事。过了几天，妈妈去幼儿园接小妮子回家的时候，她牵着小妮子的手过马路，小妮子突然对妈妈说：“妈妈，你不背那个包包，你背这一个包包，你把手机放在包包里面，然后把外面的拉链拉上，你再去给我买伞，小偷就偷不到手机了。”妈妈没想到，偷手机的事都过去好几天了，而且当时说话的时候没往心里去，可是小妮子却把那句话深深地烙印在了心里，并且能够在适当的时候联想到。

还有一次，小妮子早上吃完早点后像往常一样要跑去邻居家玩，妈妈马上把她拦住了，因为她吃早点的时候把嘴角弄脏了。妈妈要小妮子擦干净了再去，可是小妮子的回答让妈妈有点摸不着头脑，她说：“我不擦，到了晚上又要洗脸。”妈妈想来想去，原来自己好像当着小妮子的面说过同样的话。每次小妮子自己动手做完一件事，她就会蹦出这样一首儿歌：自己的衣服自己穿，自己的裤子自己穿，自己的玩具自己摆，自己的被子自己叠，自己的事情自己做，做一个勤快的小乖乖。原来，妈妈平时就用这首歌来教育小妮子的事情要自己做。

小妮子的故事是大部分孩子日常生活的缩影。尽管小妮子的这些模仿和重复的方法在大人眼里看起来很幼稚，甚至可以说是微不足道，可是这对小妮子来说却是自我教育的重要方式。当一个孩子能够把教育者提出的教育要求变成自我要求，并把它付诸行动的时候，教育目的在他身上才能真正实现，这才是真正的教育。在进入终身教育时期的新世纪，进行自我教育，才能让孩子在以后的人生中走得更远。

## 给父母支招

尽管孩子本来就有一定的自我教育能力，但是仍然需要父母的帮助和指导，才能使他们能够进行正确的自我教育。自我教育包括自我认识、自我要求、自我实践、自我评价四个方面。

**第一招：发现和观察孩子的变化，帮助孩子提高自我要求。**

- 善于发现孩子微小的自我教育迹象。孩子每一个微小的变化都会成为他们质变的转折点。孩子在成人的呵护下长大的过程中，自我教育的迹象往往不易发觉，所以父母应该细心观察。例如，每天父母护送孩子上学，都是父母拿着书包，孩子心安理得空手跟着走，从来没有别的想法。如果有一天，孩子忽然提出要“自己背书包”，这个时候，父母应该重视这种变化，并且认真询问孩子为什么会有这种想法，必要时给予及时的鼓励。

•善于发现孩子自我教育上的质变。孩子的自我教育能力有平稳发展的时候，也有出现质变的时候。例如，孩子对自我的认识，如果表现为从关注外部现象转为关注内心世界；对自我评价，从强调效果转为强调动机和效果两方面，这些都是了不起的质变，父母应该善于及时发现，给予鼓励，并趁热打铁，多问孩子的人生规划，以此敦促孩子提高自我要求。例如，可以问孩子：要为建成什么样的社会而奋斗（社会理想）？打算把自己培养成具有什么样人格的人（道德理想）？打算将来从事什么样的职业（职业理想）？自己要掌握什么专业才能和业余爱好相结合（成才理想）？自己的日常生活有什么打算（生活理想）……

**第二招：多从正面分析孩子的行为表现，引导孩子自我实践。**

孩子由于年龄小，在表达上存在困难，所以他们常常说不清楚自己做事的目的，但有时他自己做的事情有他自己的道理，只是父母不理解。这个时候，父母的任务就是发现孩子的潜能和内心想法，在孩子不能完全表达自己的意愿时，父母还应该善于透过现象看本质，理解孩子行为中反映出来的思想本质。例如，孩子学校收到通知，班里要成立板报小组，需要选拔、招聘美术好的同学。回家后孩子为了画板报而没有做作业。这个时候，父母应该问清楚事情的始末，透过孩子不完成作业的表面现象看到他关心班集体，希望展现自己特长的一面。父母可以通过表扬孩子积极方面的表现，引导他们如何采取正确的方式实现自己的意愿。

**第三招：给予孩子及时反馈，形成正确的自我评价。**

在孩子的成长过程中，不论做得对与不对，父母都应该在适当时候给予反馈。

•对孩子的评价需要认真鉴别再做出反馈。在越来越强调个性的当今社会里，重视培养孩子自主性的同时，要注意不能认为孩子的需要自然而然都是正确的，所有的潜能都是有价值的。因为孩子的需要有时候好与坏是混在一起的，有时候表面看是坏的需要，里面又隐藏着好的需要。例如，很多孩子在少年期就开始偷偷学抽烟，一个主要的心理需求是以为这样比较像成人。孩子把会抽烟当作成熟的标志当然是非常可笑，但是，他渴望成熟，羡慕成人，这一点则不能认为是坏的需要。父母的任务是发现隐藏在后面的正确需要，指导他怎样才能真正成熟起来。

• 从积极的角度对孩子的各种需要进行评价。即使孩子提出的是正确的需要，也并不等于孩子十分理解，父母积极的评价能够使孩子们提高认识，坚定信心。有些需要只是当前不合时宜，长远看是正确的，例如所谓早恋问题，父母就应该肯定孩子纯洁的感情，美好的心态，同时明确指出其出现的时间是不恰当的；还有些需要完全是错误的，例如拿家里钱去大吃大喝，对此则要积极引导他勇敢抛弃错误需要，继续向前。

• 选择适当的时机进行反馈。所谓适当时机，是指根据孩子不同性质的行为，在不同的时候给予反馈。比如，孩子开始做家务活，向他讲了要领之后，就需要他在做的过程中自己去体验，不需要父母寸步不离地去反馈；而对于孩子的危险行为，如触摸电器开关，父母则需要马上厉声制止。

**第四招：尊重孩子，对自我教育的途径、方法、内容和价值进行引导。**

尊重孩子并不是任由孩子自由发展，而是在尊重他们成长的合理需要和客观规律的基础上，加以积极的引导。

• 参与孩子行动方案的设计。所谓引导，并不是首先由父母主观地提出孩子应该如何被动地去做，而是采取下面的两种方法结合：一是鼓励孩子自己提出行动方案，由父母加以参谋；另一个是由父母提出若干适合这个年龄孩子行动的各种参考方案，由孩子自己选择。例如，寒假到了，鼓励孩子自己订计划，父母在此基础上提出一些补充性的建议（如孩子想读三本好书，父母推荐十本好书供他选择）。这样，孩子不但会越来越善于安排自己的生活，而且觉得自己是主人，积极性、主动性会越来越高。

• 引导孩子自己悟出所做事情的意义。这种引导并不是空洞的说教，而是通过日常生活的对话，结合具体事件，自然而然地进行的。例如，抗震救灾中涌现出谭千秋这样舍己救人的英雄老师，也出现了范美忠这样自己先跑，缺乏道德感、责任感的人。一时间，网上、报刊上纷纷讨论“怎样看范美忠的行为”这一问题。这时，父母可以适当引导孩子也来积极思考这个问题，评论各种不同的见解，鼓励孩子提出疑问。父母和孩子共同探讨，不要把各自的看法强加于人。即使孩子有的看法不够正确，也不必着急，引导孩子继续思考。

# 功课 11

## 偷点小懒是一门功课

老师们常常告诫学生学习一定不要偷工减料，预习——听课——复习——作业——小结5个环节一个都不能少。父母们也督促孩子讲究学习的速度，特别是做作业时要集中精力，一鼓作气，决不要东张西望，拖拖拉拉。然而老师和父母们大概也没有考虑到，孩子是不是真的能有如此多的精力，即使有，是不是真的能达到最好的效果？

### 小故事，大启示

阿尔伯特·爱因斯坦是20世纪最有影响力的自然科学家和物理学家。他在26岁的时候就在光电效应理论、布朗运动理论和狭义相对论3个不同领域中取得重大突破和历史性成就。后来他又发表了广义相对论，包括等效原理、广义相对性原理、引力场理论和质点动力学。爱因斯坦的成功与他刻苦学习密不可分，更重要是他具有良好的学习技巧。

第一，爱因斯坦根据自己的实际情况和目标追求而有所舍弃。他曾说过自己是这样一种人：“我是一个执意而又有自知之明的年轻人。”他根据自己的特点以及已有的知识，选择性地放弃了学校里的许多课程，把精力和热忱集中在自己所爱的物理学上。事实证明：爱因斯坦的这一大胆舍弃和合理调整，以及所做的选择，完全是符合自己的实际情况的。

第二，善于利用身边的资源。爱因斯坦常与同学讨论问题，从中解决了很多自己解决不了的问题。如在苏黎世工业大学读书时，爱因斯坦与马尔塞耳·格罗斯曼建立了真正的友谊，后来这位同学成为著名的大学数学教授和数学家。由于广义相对论中牵涉到一些他解决不了的数学问题，因此他请来格罗斯曼，并帮助自己建立了广义相对论。

第三，提倡深入理解，反对死记硬背。爱因斯坦所在的德国学校教育纪律十分严格，并且盛行一些死记硬背的读书方法，他对此十分厌恶。所以在学习中，爱因斯坦坚持采取“深入理解”的学习方法。

或许爱因斯坦把所有精力用到自己所爱的物理学上有偏科的嫌疑，但是值得我们学习的是他能够根据自己的程度，选择适合自己的学习目标和方法。另外，善于利用身边的资源来解决问题以及善于采取有效的记忆技巧，可以节省很多时间。所以说，在学习上也是可以偷点小懒的。

## 给父母支招

尽管老师和父母都在一味敦促孩子提高时间的利用率，但是他们往往只注意要求孩子多用时间学习，并没有在技巧上下功夫。现在父母可以做的，就是引导孩子使用一些学习技巧，让他们即使偷懒也能取得好成绩。

**第一招：预习环节可以走马观花。**

很多老师要求学生在预习的时候就弄懂新内容的难点，这明显变相增加了学生的学习压力。想想，本来做作业就用了一大部分时间，还要预习，每天有 4 ~5 门功课，每门预习至少 10 分钟，那就增加了一个多小时。况且，如果前一天把新内容的难点都弄清楚了，第二天上课的时候就会松懈，而且容易忽略老师讲的重点。当然，预习这一环节是必要的，不过不需要太详细和认真，预习的目的只是让孩子听起课来有针对性，所以预习只需走马观花地看一下课本，使课本上的内容和重点难点在心里有个谱，这样就够了。

**第二招：笔记可以选择性地记，上课可以选择性地听讲。**

很多孩子在上课的时候一味忙着抄笔记，妨碍了听课效率，父母要引导孩子正确处理好听、思、记三者的关系。笔记只是孩子听好课的一种辅助手段，而不是上课的主要任务，上课应该以听讲、思考和理解为主要任务。

• 注意筛选笔记内容。教会孩子记好老师所讲内容知识体系的纲目；记老师提醒的应注意的问题，强调容易出错的地方、基本原理以及运用时应注意的问题；记一节课所讲内容的概括总结；记典型事例及重要命题的参考答案要点；记老师根据实际需要补充的、课本之外的重要内容；记老师讲课的思路；记老师介绍的学习方法和各种题型的基本解法。

• 选择恰当的笔记方法。根据学科的特点和自己的学习方法选择记笔记的形式，这样可以有效地省时省力。如可以把笔记直接记到课本上，采用各种特定符号、批注的形式使笔记与课本结合起来；采用符号速记法，如历史、政治课可以借用物理、数学中的符号，时间——t、等于——=、大于——>、小于——<；采用省略式速记法，省略的字有的可用“~”“……”“——”等符号代替，如“马克思主义”可记成“马……义”。

**第三招：一边睡觉一边学习。**

心理学家的研究发现：如果一个人先学会一个材料，再学会一个新的材料，那么后学会的一个材料会干扰前面的学习记忆。如果学完一个材料后并不马上学新的材料，而是先休息一下，那么所学的材料可以保持较高的记忆率。于是心理学家提出，睡眠可以保持记忆。既然睡眠可以保持记忆，那么我们就要充分利用睡眠来进行学习。

• 先听一段柔美、舒缓、恬静、幽雅的轻音乐，调节身心，使呼吸、心跳减缓，达到心平气和的放松状态。

• 做呼吸放松。平静地躺在床上，闭上双眼，缓缓地吸气，再缓缓地呼出。呼吸时要默数呼吸的次数，呼气、吸气，以尽快入静，达到放松状态。

• 养成定时睡觉、定时起床的好习惯，以保证高质量的睡眠。

• 听预先录制的内容，每天先听前一天所学的内容。听录音时，不需保持高度的注意，在半睡眠状态下，无意识地接受录音的暗示。

• 要持之以恒。

**第四招：做题宜精不宜多。**

题海战术或许是最愚蠢的学习方法。做题最重要是要选“好题”，千万不能不分青红皂白见题就做，那样的话往往会事倍功半。所以首先围绕想要强化的知识点选择题目，在做题之后，对于做错的题，应当认真思考错误的原因，是知识点掌握不清还是因为马虎大意。分析过之后再做一遍以加深印象，这样做题效率就会高得多。

## 功课 12

## 凡事要三思，更重要是立行

学校从来不乏理想教育，所以大部分孩子都会对自己的未来充满憧憬，要么希望自己以后做个发明家，要么梦想做个音乐家……可是为什么能够成功的孩子并不多见呢？大概老师们忽视了想法与行动的关系，有想法固然是好事，但是想法要切合实际，更要付之行动才有实现的可能。

### 小故事，大启示

20 世纪 70 年代，有个叫法兰克的美国青年，由于家境贫困，他选择去繁华的芝加哥谋求出路。在芝加哥转了几圈后，法兰克没能找到容身之所，于是便买了把鞋刷给别人擦皮鞋。半年之后，他用微薄的积蓄租了间小店，边卖雪糕边擦鞋。没想到，法兰克的雪糕生意越做越好，后来他干脆不擦皮鞋了，改为专卖雪糕。

如今，法兰克已成为全球的雪糕大王，他的“天使冰王”雪糕已拥有全美 70% 以上的市场，在全球有 60 多个国家超过 4000 家的专卖店。

巧合的是，当时有一位叫斯特福的年轻人，他几乎是与法兰克同时到达芝加哥创业。斯特福的父亲是一位富有的农场主，家里富裕，供他上了大学，还读了研究生。就在法兰克给别人擦皮鞋的时候，斯特福住在芝加哥最豪华的酒店里，耗资数十万进行市场调查。经过一年多的调查，斯特福得出结论：卖雪糕很有市场。斯特福高兴地把结果告诉了父亲，并希望得到父亲的赞助，可是却遭到了强烈的反对，于是他放弃了这一想法。又经过一年精确的调查，斯特福依然发现还是卖雪糕的生意好做，经过一番苦劝，终于说服父亲准备打造雪糕店。

然而，斯特福的行动迟了法兰克两年，这时法兰克的雪糕店已经遍布全美，而斯特福只得无功而返。

法兰克为了生计，一有想法便马上付之行动，最终取得了成功。而尽管斯特福经过调查，用有力的证据证明了雪糕生意的发展前景，但是他却在犹豫中错过了良机。斯特福的“三思”固然值得赞赏，但是他却缺少“立行”。有理想需要再三考虑可行性，但是考虑后停留在想法上，而不去行动，那么想法便永远无法变成现实，所以凡事要“三思”，更重要的是要“立行”。

## 给父母支招

优秀的孩子常和下列词汇相关联：勤奋、刻苦、努力、好学、博闻、踏实……这些诸多的词语其实是行动的代名词，所以，行动是孩子成长的必然，没有行动，也就没有结果，更不可能成功。

**第一招：想法要深思熟虑，避免白废功夫。**

深思熟虑，三思而立行，那么思考和考虑些什么呢？思考的是想法的可能性和可行性，考虑的是要实现理想的具体措施或办法。

● 有调查才有发言权。不管是考虑问题的思路还是解决问题的办法，都是要来自于实事求是的调查研究。另外，调查研究搞好了，可以把很多棘手的疑难问题解决得很好，甚至能够解决得很彻底。例如，孩子如果想当一名画家，那就需要父母帮助他们了解一些画家的成长故事，让他们知道要当一名画家的条件是什么，需要知道哪些知识，需要做出怎样的努力等等。

• 寻找合适的行动方案。行动方案不只是冲动的想法，而是需要考虑方案的后续行动及所带来的影响，这就是“谋定而后动”的道理。所谓“磨刀不误砍柴工”，就是需要我们沉着冷静，不急于立即采取行动，而是静下心来想一想。如孩子要成为画家，在他们的决心定了之后，就要开始谋划参加一些培训班，参加培训班有可能会影响到孩子的学业，那么需要怎样来处理这些关系呢？这些都是需要再三考虑的。

**第二招：不要将考虑转化成犹豫，要与孩子一起马上行动。**

虽说“三思而立行”，但是在现实生活中，见到更多的是“三思而不行”。其实确实需要一定时间的考虑，但是不要把太多的时候花费在思考上，因为考虑的东西太多就会容易产生恐惧，不敢正视面临的难题，就会采取逃避或拖延的方式。

• 不要等到条件都完美了才开始行动。有些事情如果错过了时机就永远都开始不了，正如孩子的发展关键期一样，如果错过了语言发展的时期，孩子的说话能力便会产生问题。再如学钢琴，如果错过了最佳练习期，以后便有可能达不到所想要的成就。

• 用行动来克服恐惧。万事开头难，一旦行动起来，孩子就会建立起自信，事情也会变得简单。例如，孩子害怕考试，那就马上带他去参加一次考试，他的恐惧便会一扫而光，万一他仍然拖拖拉拉，就说明他不想考，更不用说考出好成绩了；如果孩子害怕与人交往，那么就马上就让他和身边的陌生人打招呼、聊天，这样他才会发现原来事情根本没有想象中那么恐怖。

• 先顾眼前。在深思熟虑之后，应该把注意力集中在目前可以做的事情上。引导孩子不要烦恼上星期理应做什么却没有做，也不要烦恼明天可能会做什么。明天或下周的事经常是永远都不会发生的。如果孩子过多思考过去或将来，那么他将一事无成。

## 功课 13

### 拥有独特个性，活出自我风采

很多父母和老师都喜欢“乖”孩子，认为什么事都听父母话的孩子可以少走弯路，将来一定有出息。可是每个孩子都有他们与众不同的思维方式，如果父母按照自己的意愿来培养孩子，那么他们长大以后只会是一个服从但没有主见的人，这样的人是很难在社会上独当一面的。

### 小故事，大启示

儿子刚刚上了中学，因为学校离家里有四五里地，所以他特地学了骑自行车。可是妈妈很担心儿子骑车上学不安全，因为他是个新手，而且他还不熟悉上学的路。

尽管妈妈百般阻挠，儿子还是坚持：“我总不练习怎么能成熟练工呢？所以我要天天骑车回学校，天天练习啊！”妈妈看硬的不行，于是想用情打动：“儿子，你刚学车，妈妈不放心，等些日子再骑好吗？”儿子还是坚持己见：“妈妈，是不是每件事都有第一次？再等些日子还是第一次骑车上学啊？还有什么不同？凡事总得有个开始啊！”儿子的话让妈妈哑口无言，只好听从。

儿子第一天骑车上学，很晚还没有回来，妈妈的心不由得慌了起来。刚要走出门去找儿子，只见儿子满脸通红，样子累得不轻地站在妈妈面前。原来，儿子放学找不到自己的自行车了，在朋友的帮助下才找到。又因为军训了一天，很累，骑车骑得很慢，所以回来就晚了。儿子的坚持让妈妈觉得很安慰，儿子他长大了，有自己的主见了！

第二天，儿子回来说，老师要求交水钱，因为军训要喝水。可是儿子说："我不交钱了，喝自己带的水，因为每次水一来，呼地上来一堆人，等轮到我，早没了！既然喝不到还交钱干什么？"第三天，儿子回来说他坚持不交水钱，他说："老师说只有几个同学不交，你不交多不好意思！我说，那怎么能说好意思或不好意思？我不喝自然不交啊！"妈妈觉得自己的儿子有自己的思想和做人准则了，很是高兴。

儿子能够坚持主见，遇事能够有自己的思想和做人的准则，这就是独特个性的体现。如果这个妈妈坚持用自己的方式要求孩子，只会让孩子养成从众心理。这种心理习惯在竞争如此激烈的社会只会埋没在大众潮流之中，没有自己独当一面的优势。所以，父母要注意培养孩子独特的个性，让他们活出自我风采。

## 给父母支招

**第一招：区别对待孩子的"个性"和"任性"，不要"滥杀无辜"。**

一个有个性的孩子通常都能坚持自己的正确观点和合理行为，可是往往会被父母认为个性强，并且常常给他们戴上任性的帽子。其实有个性与任性有本质上的区别，通常所说的"有个性"是指有主见，能坚持自己的正确观点和合理行为；任性也表现为坚持自己的想法和行为，可却是无理取闹，即所坚持的不是合理的。也就是说，区分孩子是有个性还是任性的标准在于一个"理"字。所以父母遇到孩子坚持时，一定要认真区分孩子坚持的是否有道理，或道理是否充分，或者是否与父母的不当方法有关，不能面对孩子的坚持就严厉地加以遏制，以免"滥杀无辜"。

另一方面，要使孩子意识到个性与任性之间的界限，父母应当保持适当的权威。如，有的小孩不让妈妈做饭而要妈妈陪他玩；妈妈做好了饭不吃，非要去买零食吃；无理的哭闹、在地上打滚、强拉别人、甚至打人……父母应当利用父母的权威加以阻止，以免孩子养成任性的不良习惯。

**第二招：培养有个性的孩子，父母应该注意自己的言行。**

• 想用“听话”或“不听话”来评价孩子的时候，请根据实际情况选用别的词语。例如，“你没有买那种小食品，真听话。”可改为：“你没有买那种不卫生的小食品，你知道爱惜自己了，妈妈真高兴。”又如，“你到底还是先去玩了，你怎么这么不听话?”可改为：“如果你先把作业做好再去玩，你一定会玩得更开心，你也不用晚上很晚还要补做作业，是不是?”

• 如果孩子一个劲地同父母辩解，父母想用“住嘴！你怎么就是不听话”来斥责孩子时，请不要这样说，而应该使自己冷静下来，对孩子说：“你既然有很多意见，现在就请你都说出来吧，让我们一起来分析一下。”

• 在家庭中，父母要丰富对孩子正面评价的词语，比如“勇敢”、“有爱心”、“懂礼貌”、“有创意”、“爱思考”等。

• 父母应该时时警惕，如果发现孩子一味地顺从，而孩子却不会主动地去思考，独立做决定，这时父母就应该给自己敲响警钟。

**第三招：不要压制孩子的主见，支持孩子自己做主。**

父母当然比孩子拥有更大的权力，甚至有权让孩子完全得不到任何权力，但这么做的后果是造就一个没有主见、没有责任感而且脾气暴躁的孩子，所以父母不应该滥用自己的权威来压制孩子的权利。

• 疏导是比围堵更好的手段。孩子拒绝父母要他做的事，不是要反对父母，只是想对自己的事有主导权。如果父母理解并尊重这一点，那么放掉部分的权力对孩子的发展也是有利的。

• 支持孩子自己管理自己，并提醒他界限在哪里。当孩子做选择时，他觉得自己的确享有主导权，这一点会令他开心。例如，提醒孩子该睡觉了，可以这样问他：“你想要先听故事呢？还是先换上睡衣?”

• 培养孩子独立思考的能力。孩子没有自己的个性往往是因为他们失去了自己的判断力，所以依赖性很强。父母应该给孩子充分表达自己愿望的机会，给孩子独立思考的机会。例如在装修房子的时候可以征求孩子的意见，可以问孩子：房间怎样设计更好？喜欢自己房间的墙壁涂什么样的颜色？喜欢把书架摆放到哪里？什么款式的家具好……有时候，孩子自己拿不定主意，父母可以用启发式的话语代替命令，如“如果是你，你该怎样做?”“我想听听儿子的意见。”

• 教孩子学会说“不”。很多孩子都有自己的想法，可是由于害怕遭到父母的冷遇，常常不愿意说出自己真正的感受，压抑了孩子活跃的个性思维。所以，父母要鼓励孩子随时说出不同的意见。如果说得不对，父母应该耐心地指正，这样可以让孩子学会遇事有主见，不会盲目服从。

**第四招：尊重孩子的决定，信任胜于制度。**

• 使孩子受到尊重和重视，给他们足够自由的空间。在日常生活中，一定要从实际出发，尽力做到让孩子自己学习，自己做出各种决定；允许孩子用更多的时间去学习新东西，尽管他可能会出现错误；指导孩子去完成较难的任务，不要自己代替他去做；要注意倾听孩子的需求。

• 信任比制度更重要。信任是相互的，既然孩子对父母有特殊的信任，那么父母也应该对孩子信任。日本教育家井深大则更进一步认为，唯有以父母为主的身边所有的人，给予孩子深切的理解和信任，才是教育的开始。所以，父母的信任意味着压力、重视和鼓励，这是真正触动孩子心灵的动力。例如，当孩子不肯上床睡觉时，父母可以对他说：“我相信你一定能管好自己的，因为你明天 7 点要起床。所以，你自己会在 9 点前上床睡觉，我相信你会自己注意时间。”还有，当孩子小心翼翼地向父母征求意见时，不妨鼓励孩子说：“这件事由你自己做主，妈妈相信你一定会做好的。”或者说“我只提示你这两点，其他的事你自己决定。”

## 功课 14

## 发展多元智能，扬长避短

学校常常说要培养“全面发展”的学生，对于那些偏科的孩子，他们总是不大喜欢。父母对于孩子的期望，也是希望他们成为“全才”。但是这双重的压力压在孩子身上，适得其反。其实，哪一个孩子都是很难成为“全才”的，因为每个孩子的智能倾向各异，父母所要做的只是发现孩子的多元智能，并且巧妙地利用它来培养孩子。

### 小故事，大启示

韩寒这个名字已经引起全社会的关注和讨论，并由此引发了“韩寒现象”，成为一个街头巷尾说不够、争论不休的焦点话题。

1998 年中考，韩寒因长跑特长，以低于重点录取分数线 14 分的成绩被上海市重点中学——松江二中录取。不到一年，韩寒又在全国中学生首届新概念作文大赛中荣获一等奖，题目是《杯中窥人》，这是由上海《萌芽》杂志社与北京大学等七所高校联合举办的高水平作文大赛。随即，韩寒出版了 21 万字的长篇小说《三重门》，引起巨大轰动，上市至今行销 200 万册。

一个 17 岁的少年，在文坛创造了骄人的成绩，可是除语文和英语外，韩寒有七门功课总是不及格，用他自己的话来讲就是“成绩单挂红灯七盏，照亮我的前程”。既然他能在文坛上有如此骄人的成绩，可见并不是因为他的头脑问题才有七门功课不及格。他是个有思想的人，谈话中不乏语出惊人，他说“在水池一端大流量放入水，另一端小流量放出水，求池中水满所需的时间”这样的数学题是在现实生活中毫无用处的学问。韩寒的写作闪耀着智慧的光泽，这种智慧来源于自由的阅读和思考。

或许很多人觉得这只是一个极端的例子，但是韩寒的故事却充分说明了，每个人可以发挥的多元智能是不同的，能够利用好优势智能是成才的资本。韩寒就是充分发挥了他的语言智能才有突出的成绩。心理学家加德纳认为，人的智能可以分为八个范畴：语言智能、逻辑智能、空间智能、肢体运作智能、音乐智能、人际智能、内省智能和自然探索智能。不同的人会有不同的智能组合，例如：建筑师及雕塑家的空间感（空间智能）比较强；运动员和芭蕾舞演员的体力（肢体运作智能）较强；公关的人际智能较强；作家的内省智能较强……每个孩子一般只会在某一个或两个方面的智能有突出表现。所以，在家庭教育中，父母应该注意发现并发展孩子的多元智能，助他们扬长避短。

## 给父母支招

孩子从小就需要发展基本的多元智能，只是在他们成长的过程中某些智能会有突出的表现，所以父母要注意从小发展孩子的多元智能，从中发现他们的优势，利用这些优势扬长避短，使孩子得到多个方面的发展。

**第一招：提高孩子的语言智能。**

语言智能主要是指有效地运用口头语言及文字的能力，即指听、说、读、写能力，表现为个人能够顺利而高效地利用语言描述事件，表达思想并与人交流的能力。这种智能在作家、演说家、记者、编辑、节目主持人、播音员、律师等职业上有更加突出的表现。

- 激发孩子的语言兴趣。父母可以为0~2岁的孩子选择结实的、轻薄的、以单个图片为主的、字大的图书，为3~4岁的孩子选择以动物画面为主的、故事情节简单的、反映行为习惯的、排序的、科学的、可操作的儿歌似的图书，为5~6岁孩子选择谜语、寓言、科普等带拼音、文字的图书供孩子学习，然后从孩子生长发育的特点出发，为孩子创设读书的良好环境。

•加强孩子的听、说、读、写能力。父母可以从孩子能听懂讲话时就开始坚持天天在固定的时间进行阅读，每天只需利用20分钟给孩子读书和看书刊。其次，对孩子进行随机的说话能力培训，例如让孩子做故事大王、当演员、当主持人等。父母要从孩子7个月时就开始训练孩子的手指，才能使孩子到5岁时轻松地执笔，具体训练方案可以是：7~8个月玩皮球训练；9~18个月打积木，套杯子训练；12~18个月玩小订板游戏；18~24个月玩简单的拼图游戏、穿珠子游戏；2岁玩较复杂的拼图、倒水、拣豆子游戏、涂鸦等；2~3岁用线穿通心粉、穿鞋带、扣扣子等；3~4岁折纸、玩镶嵌板、书写板绘写、在字母刻板上用手描摹；4~5岁在书写本上写自己的名字和简单的数字、绘画；5~6岁描红、写字。

**第二招：提升孩子数学逻辑智能。**

生活中时时处处都在和数字打交道，父母只要做有心人，就能发现教育孩子的资源。

•引导孩子在各种不同的场合中观察数字，以拓宽孩子对数字的认识。在家庭生活中，可启发孩子观看各类物品，如电话机、电视机遥控器、计算机键盘、挂历上的数字；接送孩子时，可指导孩子观察各种交通工具，如自行车、助动车的牌照号码、公交车的线路号码、出租车驾驶员的执照号码；走亲访友时，可引导孩子观看所经路名后的数字、新村居民家的门牌号码等。

•要生动形象地给孩子讲解数字符号，使孩子体会到数字的乐趣和魔力，以加深孩子对数字的认识。如可以这样跟孩子讲解：像冰淇淋小棒的那个数字叫做“1”；像小鸭子游泳的那个数字叫做“2”；像小鸟飞的那个数字叫做“3”。

●要让孩子手口一致地数物体，以增强孩子对数字的理解能力。例如，父母要求孩子“数数有几个玩具娃娃”时，可说：“每个娃娃只能被你点一次，你用手点娃娃的时候，就用嘴巴把这个数字说出来，娃娃是多少，数目也应是多少。”

●鼓励孩子多玩数学游戏。在玩中学是孩子最喜欢的，父母可以让孩子玩《猜数》游戏，学习数数；玩《看谁数得快》游戏，训练目测数的能力；玩《分果子》游戏，学习数的分解；玩《开超市》游戏，学习分类和使用人民币；玩《数字接龙》游戏，学习排序；玩《看谁算得对》，学习加减法。

**第三招：增强孩子的空间智能。**

空间智能是指准确地感觉视觉空间，并把所知觉到的表现出来的能力。孩子的空间智能有一个从静态空间感知到获得动态概念空间的发展过程，父母要抓住孩子在各个年龄段空间发展的契机。

●通过声音和动作帮助孩子建立方向感。0~1岁的孩子并没有什么明确的空间概念，视力也还不是很好，但他出生时就有听觉，循着妈妈的声音和他寻找乳头的本能就是孩子最初的空间概念的表现。等孩子会抬头、转头时，就会开始积极地寻找声源，这时就可以运用声音帮助孩子建立方向感。而1~2岁的孩子能够熟练地爬，开始蹒跚学步，而且乐此不疲，对周围的任何事物都充满好奇。父母可以给孩子创造一个安全的爬和学走的环境，多多鼓励孩子爬和走，在孩子摸索着爬和走的过程中，他将更加明确空间的意识。

●提高孩子的空间关系能力。2~6岁是孩子空间智能发展最快的一个时期，尤其是在3岁以后。经过这一段时间的发展，孩子能够对物体的大小、形状、上下、前后、左右、远近产生准确的空间概念，并能通过自身的运动来确定物体的空间位置关系。这一时期，孩子空间智能的发展主要分为两个方面，即理解空间和表述空间。父母可以让孩子画画，通过画画可帮助孩子建立大小、形状的概念；也可以让孩子搭积木、捏橡皮泥等，可促进孩子形成对前后、上下、远近等有关空间智能的概念。

•发展孩子的空间定位能力。5～7岁的孩子能够利用明显的标记或路标对物体定位，并开始学习利用较为复杂的标记。父母可以指导孩子去感受、体验行走的路线和认明标志物，如熟悉去幼儿园的路程，看公园导游图等，发展其空间定位能力。

•帮助孩子理解位置关系。7～10岁的孩子已经能够利用空间整体结构的信息对空间中物体的位置关系定位，且在10岁左右，孩子们已开始具有大脑表象旋转能力。

**第四招：发展孩子肢体运作智能。**

肢体运作智能是指善于运用整个身体来表达想法和感觉，以及运用双手灵巧地生产或改造事物的能力，如运动员、舞蹈家、外科医生、手艺人都有这种智能优势。

•0～2岁的孩子主要需要发展知觉方面的前外侧触觉系统，以及动作方面的抗重力大肌肉群。首先，父母应该每天提供孩子多元触觉按摩刺激，建议在洗澡时以及亲子游戏互动等自然情境下进行，注意不要过度用力以免造成皮肤伤害，并避免在餐后立即进行触觉刺激活动。其次，提供孩子口腔触觉刺激，可伴随口腔清洁活动同时进行。建议以循序渐进的方式，先由门牙开始，并配合游戏逐渐增加刺激的时间及广度。

在训练孩子的抗重力大肌肉群方面，父母要多鼓励孩子爬行并增加爬行时间，尤其是7个月至1岁之间的孩子。对于1岁以上已会走路的孩子，则可在两脚上用重量环（每只脚不要超过1公斤）加重以提高训练量及爬行意愿。对于还不会爬的婴儿，则可藉由辅助摆位使其在四肢支撑姿势下尽量维持姿势。

•2～4岁的孩子重点发展的项目包括知觉方面的后内侧触觉系统，以及动作方面的粗动作功能发展。促进后内侧触觉系统成熟的居家常用方法有：父母可将玩具（目标物）置于球池或米箱内，并鼓励孩子单以触碰的方式而非目视来找出玩具；可提供孩子多元触觉质感的布书或提供大量触觉刺激的玩具。

在训练粗动作功能发展方面，父母应该鼓励孩子进行垫上体操活动，诸如翻筋斗、跳跃、拉撑、走平衡木等简单且基本的全身性大动作，借此来使用肢体、认识肢体。另外，父母要让孩子养成独立动作的习惯，例如能走则尽量不要父母背或载。

• 4 ~7 岁是肢体运作智能发展的整合期，重点在于各功能领域间的整合，重点的发展项目包括有：知觉方面的前庭系统、动作方面的精细动作功能发展，整合方面的感觉统合功能以及认知方面的基础运思功能。

**第五招：提升孩子的音乐智能。**

音乐智能主要是指人敏感地感知音调、旋律、节奏和音色等能力，表现为个人对音乐节奏、音调、音色和旋律的敏感以及通过作曲、演奏和歌唱等表达音乐的能力。这种智能在作曲家、指挥家、歌唱家、乐师、乐器制作者、音乐评论家等人员那里都有出色的表现。提升孩子的音乐智能可以从以下几方面入手：

• 听唱简单的童谣。喜欢唱唱跳跳是孩子的天性，不妨多为孩子挑选一些活泼欢快，歌词简单易懂的童谣，时常带着孩子听听、唱唱、跳跳，同时引导孩子关注童谣的节奏、音色、旋律的起伏，感受乐曲的情绪等。让孩子喜欢音乐，带着愉快的情绪感受音乐。

• 播放背景音乐。父母要注意让音乐成为周围环境的一部分，譬如，在早晨起床的时候，吃饭的时候，玩耍的时候放一些音乐，让孩子身在音乐环境之中，不知不觉地吸收音乐的元素，增强乐感。有时，播放背景音乐还能达到一些特殊的目的，如当孩子过度兴奋，和缓的音乐能帮助孩子稳定情绪；下午当孩子昏昏欲睡时，节奏欢快的音乐可以振奋精神。

• 玩与乐声相关的游戏。不少孩子很喜欢玩音乐游戏，譬如敲碗打盆，跺脚拍手。父母还可以在易拉罐里放上数量不同的豆子或石子，让孩子有节奏地摇晃，或轻或重，或缓或急。

• 学习乐器。学习乐器需要手眼协调分工，对带动孩子其他方面的智能也有一定的帮助。但是，4 岁以前的儿童，由于小肌肉还没有发育完全，学习乐器可能有点勉强。再加上枯燥单调的乐器学习对孩子来说是一个痛苦的过程，所以学习乐器最好还是在孩子 4 岁之后再进行。

• 参加各种音乐会。家庭有浓厚的音乐氛围固然重要，带孩子参加各种音乐活动，进入艺术殿堂也是很好的方法。音乐会、芭蕾舞、歌剧、各种演唱会和各种音乐活动都可以让孩子参加，让孩子接受艺术的熏陶。这些活动可以培养孩子的乐感和节奏感等，尤其能提高孩子的音乐素养，陶冶审美情调，开阔艺术眼界。

**第六招：培养孩子的人际关系智能。**

• 训练孩子文明礼貌的行为习惯。首先，要教孩子基本的文明礼貌用语；其次，父母要身体力行，做孩子的楷模；再次，帮孩子掌握简单的礼仪规范。

• 加强孩子与同伴的合作行为。第一，要指导孩子用不同的形式与同伴合作；第二，支持孩子与不同年龄的伙伴进行合作；第三，要正确引导孩子处理与同伴进行合作时出现的摩擦；第四，引导孩子开展各种合作游戏，让孩子体会分享的快乐。

• 发展孩子与同伴的良好关系。第一，父母要提高孩子在同伴中的地位，如帮助孩子克服攻击行为，学会与同伴分享自己的快乐；第二，增强孩子结交朋友的能力。

**第七招：培养孩子的内省智能。**

内省智能主要是指认识到自己的能力，正确把握自己的长处和短处，把握自己的情绪、意向、动机、欲望，对自己的生活进行规划，能自尊、自律，会吸收他人的长处。这种智能在优秀的政治家、哲学家、心理学家、教师等人员那里都有出色的表现。

• 端正孩子的自我意识。父母首先要引导孩子正确认识自己，知道自己的姓名、性别、身体各部位名称及作用、知道自己的喜好等；其次，引导孩子正确认识自己与他人的关系，如自己与家庭成员的关系、他们的名字等，还有认识自己在学校与老师、同学的关系。

• 提高孩子的自信心。父母要做到接纳孩子，从孩子的角度看问题，满足他们的需要，并且维护而不挫伤孩子的信心。

• 保护孩子的自尊心。父母要充分了解孩子各方面的水平，恰当地要求他们，并且鼓励他们成功。

• 促进孩子的自我评价。父母要提高孩子独立进行自我评价的能力，增强他们自我评价的稳定性和全面性。

• 让孩子学会从各种回馈中了解自己的优劣，常静思以规划自己的人生目标，爱独处以深入自我的方式来思考。

**第八招：催发孩子的自然探索智能。**

自然探索智能是指能认识植物、动物和其他自然环境（如云和石头）的能力。自然智能强的人，在打猎、耕作、生物科学上的表现较为突出。

• 让孩子接触自然。接触和了解大自然需要用一颗平和而豁达的心态来观察和体验，不要用填鸭式的教学。

• 注意发掘和引导孩子的兴趣，不要采取强迫的手段。在孩子观赏接触自然的同时，父母应该以身作则来爱护自然，用实际行动让孩子懂得自然对人类的意义，从内心萌发对自然的热爱。而这时不妨适时地让孩子做一些游戏，使他们在生活中照顾自然，例如栽种绿豆芽就是一个很好的观察、体验的过程。帮助孩子仔细记录豆芽的生长情况，这种方式有助于提高孩子的观察能力；也可以让孩子饲养宠物，猫、狗、小乌龟、小鱼等小动物，让他们自己照顾小宠物，并经常做观察记录，比如今天小狗吃了什么、小乌龟今天总把头缩回去……这些喂养中的细节很有情趣，会提升孩子对自然界的兴致，不但使孩子有所寄托，还锻炼了他们的观察能力，培养了他们的爱心，使他们更懂得热爱自然万物，体会生命成长的可贵。

## 功课 15

## 热爱艺术，提升个人品位

很多父母觉得，孩子学艺术是没有出路的，因为相对于学文化知识来说，艺术似乎是一种很虚的东西，鲜有人因为艺术而成为名家。只是，父母们可能并不清楚，让孩子热爱艺术，有利于他们其他方面的发展。

### 小故事，大启示

在梵高美术馆里，一群3岁多的荷兰孩子坐在梵高的《卧室》前，仰着小脸，认真地和老师对话。这位老师通过这幅画教孩子认识床、灯、屋子、棋子，认识黄色、橙色等。也有另外5个孩子跟着妈妈也加入进来，他们的妈妈是从德国开了3个多小时的车专门带孩子来的。孩子们说，因为阿姆斯特丹还有伦勃朗的美术馆，妈妈会经常带他们来，不过他们更喜欢梵高。而妈妈们则说，她们只要来到城市，都会先带孩子看美术馆和博物馆。小孩子也会欣赏这些画吗？一位孩子的回答：“美术馆是个神秘的地方，有很多好看的画，还有我想不到、梦不到的颜色，还有会在地上写字的打字机呢！”原来，孩子们对艺术作品是跟自己的生活联系起来的，这让他们体会到了艺术源于生活。

还有另一个9岁的小男孩子说：“其实，我觉得梵高很古典。”这话着实让人感到很吃惊。他说：“我很喜欢那件作品——用大毛毡包着的钢琴。我看了，还摸了，但不知道是什么意思，上面还有一个红十字。老师告诉我，这个艺术家的作品是和他的经历有关，那个大毛毡就是他打仗时用过的。我好像就明白了，钢琴被包起来，谁也弹不了，就不能有音乐了，世界有战争，就没有音乐了。梵高的画我很喜欢，但我一看就知道他画的是什么。我觉得艺术是让我们想一想的，老师说那个钢琴是现代艺术，它就让我想了，那么我就觉得，一看就知道是什么的画应该很古典。”孩子对艺术的感受是如此的亲近，他们的直觉在感受的过程中是那样完美，还得到了真切的释放和发挥，这也是孩子们为什么比我们更能读懂现代艺术作品的原因之一。不用多说，走进艺术馆对孩子来说意味着什么。

其实孩子对艺术的感知是很有灵性的，只是很多父母无意中却扼杀了孩子艺术的火苗。据调查，中小学生每年去一次美术馆的人数不到1%，这导致了孩子对艺术赏识能力的缺失。竞争激烈、心态浮躁已成为社会一种普遍的现象，良好的性情和艺术爱好是难得让人沉静的法宝。在孩子成长的道路上，假如一直有艺术爱好的相伴，不仅使孩子的想象力变得惊人，还容易让他们发现真善美，拥有更良好的品性。艺术修养是孩子个人素质的重要体现，接触各种艺术形式，参加丰富的艺术活动是提高个人品位的重要手段。所以，让孩子热爱艺术，可以提升他们的个人品位。

## 给父母支招

让孩子步入艺术的殿堂并不是一味要孩子把艺术作为一种专业或职业来进行，而是通过艺术来激发孩子用艺术的、美的眼光去看待现实生活，认识美、鉴赏美、创造美。

**第一招：唱歌、乐理知识技能训练和音乐欣赏是让孩子接触音乐与舞蹈的基础。**

音乐能够丰富孩子的精神生活，陶冶孩子的情操，热爱音乐，能使人心灵高尚。

●教孩子唱歌要选择思想性、艺术性适合孩子身心发展特点的歌曲。父母可以借助于磁带、录像、光盘的示范引导，使孩子感受到完善的艺术形象，理解歌曲的思想内容，能够富有感情地唱歌，从而使孩子受到音乐美的感染，并逐步掌握正确的唱歌方法。

●音乐知识和技能的训练主要是培养孩子的识谱能力，辨别音响的能力，感受音响、注意和记忆音乐的能力。父母可以根据孩子的年龄特点和接受能力，选择多种形式和风格的中外声乐、器乐曲及我国各民族民间音乐供孩子欣赏。培养孩子机敏、细腻的音乐情感，培养孩子丰富的音乐想象力，丰富孩子音乐之外的知识，以求得孩子对音乐作品内涵的正确把握。

●鼓励孩子参加与音乐相关的活动。例如，父母可以鼓励孩子参加音乐兴趣小组、舞蹈班等，举办家庭卡拉 OK 演唱会，举行邻里歌咏比赛，带孩子欣赏高雅的音乐会、看歌舞晚会。

**第二招：通过美术作品的色彩、形态、结构等让孩子感受美术的魅力。**

各种优美的美术作品是通过色彩、形态、结构等形象地表现自然界与社会生活中的美，因此，父母应该让孩子亲手接触、亲身体会美术作品中的这几个元素，培养孩子欣赏美术的能力。

●绘画要适合孩子的年龄特点和兴趣。父母不要将重点全放在写生（速写和默写）、临摹等技能技巧上，而应将重点放在孩子通过绘画创造性地反映现实、积极观察生活、表现生活中的美的能力。

●让孩子动手制作工艺美术。如果孩子喜欢工艺美术，父母不能以为“那是工匠的事”，而应该让孩子认识到，工艺美术在人们的日常生活和人类发展中的重要价值。孩子喜欢制作工艺品可使孩子心灵手巧，形成耐心、细致的工作和生活习惯。父母应该给孩子提供必要的材料，如铅笔、毛笔、颜料、手工工具、纸张等；可以带孩子参观工艺美术馆，欣赏街头的广告装潢，也可以鼓励孩子积极参加一些工艺美术设计活动等。

**第三招：运用文学作品对孩子进行美育。**

文学是一种语言艺术，其形式包括诗歌、散文、小说、寓言、故事、神话及戏剧影视剧本等。文学运用生动的语言反映现实，描绘丰富多彩的自然美景，赞颂人类社会中优美的事物和崇高的品格，揭露和鞭挞假丑恶。它可以扩大孩子的视野，丰富孩子的知识和想象力，提高孩子明辨是非善恶、明辨美丑的能力，还能拨动孩子情感的心弦，使他们思考自己、人生和生活。

● 选择文学作品时要注意孩子的年龄特征。对幼儿和小学低年级的孩子可选择篇幅短、内容有趣、文字鲜明优美，配有彩色图画的童话、诗歌、民间故事、简单的谜语等；对初中孩子可选择一些故事性强、情节较简单、语言生动的故事和科幻小说、散文等；对高中的孩子则可选择一些思想性、艺术性较强、情节较复杂的各类文学作品。

● 父母应引导孩子对文学作品进行分析，正确理解每一部的思想内容和艺术手法，了解作品的时代背景，培养孩子爱憎分明的思想感情。如果孩子喜欢小说，可有意引导孩子把握小说的主题思想美、人物形象美、情节美、语言美；如果孩子喜欢诗歌，可让孩子寻找“诗眼”，体会诗歌的抒情美、灵动美、意境美、韵律美，让孩子有感情地朗诵，以培养孩子的语言表达力和对文学的欣赏力。

● 父母应鼓励孩子练习创作并逐渐掌握写作的技能技巧，运用散文、诗歌、小说等形式进行文学创作，积极参加校内外的文学社团活动和写作比赛活动，培养他们用文学形式再现美和创造美的能力。

## 功课 16

### 生涯规划，拟定一生的方向

很多父母认为，生涯规划是孩子读完大学毕业以后的事情，所以他们一味地叫孩子好好读书，将来考个好大学，找个好工作。可是孩子往往会觉得很困惑，自己好好读书是为了什么？读好大学又是为了什么？以后能够找什么样的工作？如果这些问题在孩子的脑袋里装着而得不到解答的话，他们会觉得自己是毫无目的地努力，也会对自己的前途感到迷惘。

### 小故事，大启示

刘勇是计算机专业的大学生，因为他的梦想就是做一个软件工程师，他觉得这个专业跟自己的梦想比较贴近。

有一次，刘勇无意间从报纸上看到：软件工程师是一个青春职业，和年龄有很大关系，35 岁以后软件工程师就面临着被淘汰的可能性，工作会不太稳定。于是他突然想去卖包子，因为他看到家里楼下卖包子的生意很稳定。从一开始想做软件工程师到想卖包子，这让家里人很难接受。如果要卖包子，那就不必花这么多钱供孩子读大学了，卖包子真是荒废了孩子的大好前程。因为家里的反对，刘勇放弃了卖包子的想法。

刘勇还是决定去公司应聘，他首先想到的是去做销售，因为他看到很多公司高层领导都从销售开始做。但是求职销售没有成功，他又回到 IT 业，想做 IT 培训老师，但是还是没有成功。整个过程下来以后，他找了很多工作，做了很多选择，但都没有成功，他变得非常失望、焦虑，觉得自己的能力不被社会所认可。

刘勇对自己的前途感到很焦虑，于是他通过上网、玩游戏等消极的方式来降低焦虑的情绪。就在快要毕业的时候，他为了逃避就业的压力，加入了考研大军。

刘勇之所以走了这么多弯路主要是因为他没有做好生涯规划，求职方向变动很大，不太清楚自己适合的工作，以至于找不到人生的方向。现在许多大学毕业的孩子找工作难，找到工作又不满意，就在于没有及早明确职业发展方向。上大学后，很多孩子才发现不喜欢所学的专业，因为他们之前对专业并不了解。如果从小就有目标，学会去了解各专业、职业，就不会这么被动了。所以，父母一定要让孩子从小认识到生涯规划的重要性，积极指导他们找到自己的人生方向。

## 给父母支招

生涯规划，有时也称作职业生涯规划，就是在自己兴趣、爱好的前提下，在认真分析个人性格特征的基础上，结合自己的专业特长和知识结构，对将来要从事工作做具有方向性的方案。孩子在走向社会前，应该把现实环境和长远规划相结合，给自己的职业生涯一个清晰的定位，这是求职就业乃至将来职业升级的关键一环。生涯规划包括三个步骤：一是了解自己，确立方向；二是了解在相应领域，要想成功所需要的条件和技能；三是做出决策。

**第一招：对孩子进行全面培养，因材施教，寻找孩子的特长。**

●全面培养，但不是平衡发展。父母对孩子进行智能开发、性格培养、技能教育等全面培养，既可以从日常生活中捕捉孩子感兴趣的方面，又可以轮换着给他们报几个兴趣班，孩子不感兴趣的不要强逼他们学，感兴趣的要多给予支持。如此一来，既能达到充分发展的目的，又能兼顾多方培养。另外，全面发展并不是平衡发展，父母要根据孩子的兴趣爱好，找到一两种他们最喜欢的技能，比如绘画、舞蹈等，然后积极创造条件让他们充分发展。

• 因材施教。每个孩子的智力、身体发育并不均衡，有的孩子智能发育超过了实际年龄，有的落后。智能超标的要超前教育，落后的则要放慢教育步伐。父母不应该总是拿自己的孩子与别人的孩子做比较，因为家庭环境、年龄等客观因素的不同，孩子的发展水平也是不同的。

• 充分发展孩子的特长，让孩子广泛探索。父母如果发现孩子的兴趣点，应该及早创造各种条件，使之得到充分发展。但充分发展孩子的特长目的不在于“过早定向”，而在于利用“迁移规律”，也就是说一个孩子在某个领域达到高水平，会迁移到更多的领域，达到相应的高水平。孩子在某方面充分发展的过程中，能够收获自信、增强学习兴趣、改进学习方法，这些都有助于他们今后在更大范围内探索、发展。

**第二招：做好生涯规划前的调查分析，将孩子的梦想清晰化。**

要帮助孩子了解他们自己适合从事哪些职业或工作，是职业生涯规划的关键和基础，主要从以下几个方面着手。

• 引导孩子判断自己所处的职业发展阶段。人的一生有四个职业发展阶段，分别是探索阶段（15 岁～24 岁之间）；确立阶段（24 岁～44 岁之间），这一阶段是大多数人工作周期中的核心部分，其中包括尝试阶段（25 岁～30 岁之间）、稳定阶段（30 岁～40 岁）、职业中期危机阶段（在 30 多岁和 40 多岁之间的某个时段上）；维持阶段（45 岁～65 岁）；下降阶段（66 岁以上）。处在不同职业发展阶段的人，应考虑不同的事情。例如，在探索阶段，可以多做些尝试、探索，在工作中摸索出自己的职业性向、职业锚、职业兴趣等，逐步找到最适合自己的职业。而 40 岁以上的人，就不应该做过多的尝试，而是应该认真分析自己的职业锚、职业性向，选择自己有优势的职业，做长远的打算。可见，孩子所处的是职业探索阶段，因此他们的主要工作就是多做尝试和探索。

• 让孩子测定自己的职业性向。霍兰德的研究发现，不同的人有不同的人格特征，不同的人格特征适合从事不同的职业，霍兰德将其分为六种职业性向（类型）：实践性向、研究性向、社会性向、常规性向、企业性向、艺术性向。每一种职业性向适合于特定的若干职业。通过一系列测试，可以确定一个人的职业性向。

• 让孩子认清自己的技能，也就是孩子认清自身本领，比如专业、爱好、特长等。如果某人具有某项突出的技能，而这项技能可以为其带来收入，做职业生涯规划时就应当将其作为一个重要因素加以考虑。

• 让孩子认清自己的职业兴趣。在做职业生涯规划时，要考虑孩子的职业兴趣，例如：喜欢旅行，适合于经常出差的职业；喜欢温暖湿润的气候，适合在华南工作；喜欢自己做出决定，应该自己做老板……

• 分析在适合孩子从事的职业中，哪些是社会发展迫切需要的。作为将要踏进社会的孩子来说，应该善于把握社会发展的脉搏。尤其是将要读大学的孩子，要认准哪一个职业会使自己在未来的社会中具有竞争优势。这就需要做社会大环境的分析：当前社会、政治、经济发展趋势；社会热点职业门类分布及需求状况；所学专业在社会上的需求形势；自己所选择职业在目前与未来社会中的地位情况；社会发展对自身发展的影响；自己所选择的单位在未来行业发展中的变化情况，在本行业中的地位、市场占有及发展趋势……对这些社会发展大趋势问题的认识，有助于把握职业社会需求、使孩子的职业选择紧跟时代脚步。

**第三招：与孩子一起设计职业生涯，用具体的方案将理想与现实联系起来。**

在综合考虑上述三个方面的因素后，就能够给孩子做职业生涯规划了。一般来说，可以根据5W的思考模式来进行，按顺序问孩子以下的问题：

• Who are you？你是谁？父母应该让孩子对自己进行一次深刻的反思，有一个比较清醒的认识，然后指导孩子把自己的优点和缺点一一列出来。

• What do you want？你想干什么？这是对孩子职业发展的一个心理趋向的检查。每个人在不同阶段的兴趣和目标并不完全一致，有时甚至是完全对立的，但会随着年龄和经历的增长而逐渐固定，并最终锁定自己的终身理想。

• What can you do？你能干什么？这是对孩子能力与潜力的全面总结。一个人职业的定位最根本的还要归结于他的能力，而他职业发展空间的大小则取决于自己的潜力。对于一个人潜力的了解应该从几个方面着手去认识，如对事的兴趣、做事的韧力、临事的判断力以及知识结构是否全面、是否及时更新等。

• What can support you？环境支持或允许你干什么？这种环境支持在客观方面，包括本地的各种状态，比如经济发展、人事政策、企业制度、职业空间等；人为主观方面，包括同事关系、领导态度、亲戚关系等。主客观两方面的因素应该综合起来看。有时孩子在职业选择时常常忽视主观方面的东西，没有将一切有利于自己发展的因素调动起来，从而影响了自己的职业切入点。当然，这些主客观环境的支持与一些不正常的“走后门”等歪门邪道有着本质的区别，这种区别就在于环境支持是否建立在自己的能力之上的。

• What you can be in the end？最终的职业目标是什么？明晰了前面四个问题，就可以从各个问题中找到对实现有关职业目标有利和不利的条件，列出不利条件最少的、自己想做而且又能够做的职业目标，那么这第五个问题自然就有了一个清楚明了的答案。

**第四招：在落实规划的过程中，根据个人的需要和现实的变化不断调整生涯发展的目标与计划。**

面对发展迅速的信息社会，仅仅制订一个长远的规划显得不太实际，因而，有必要根据自身实际及社会发展趋势，把理想目标分解成若干可操作的小目标，灵活规划自我。父母应该提醒孩子，在最初的生涯规划方案的基础上，应该不断学习，使自己跟得上社会的发展，使自身潜力与将来职业发展能够同频共振。一般说来，以5～10年左右的时间作为一个规划段落为宜。这样就会很容易根据时代需要，灵活易变地调整自我，太长或太短的规划都不利于自身成长。有两种方式进行生涯规划：一是根据孩子的年龄划分目标，如25～30岁职业规划、2000～2010年职业规划；二是根据职业通道中的职位、职务阶段性变化为划分标准，制订不同时期的努力方向，如5年之内向部门经理职位冲刺，10年内成为主管经理。

# 二　习惯和性格决定一生

功课 17　练就坚强意志，才能掌控一切

功课 18　培养胆量，承载生活的际遇

功课 19　从善如流，从善待自己开始

功课 20　感恩，一种社会竞争力

功课 21　爱要说出来，更要做出来

功课 22　感谢对手，营造完善人格

……

## 功课 17

## 练就坚强意志，才能掌控一切

很多孩子每年都会为自己制订一些计划：坚持每天6点起床早读，放学后运动1小时，坚持每天写一篇日记……这些计划看起来很容易就能做到，可是没能坚持几天，孩子就会因为昨天作业太多所以就不写日记了，因为昨晚睡太迟了所以今天迟半小时起床，于是一天推一天，终究没能坚持到底。孩子做事没有自制力，那是因为他们没有坚强的意志。

### 小故事，大启示

海伦·凯勒在出生18个月后，一场重病夺去了她的视力和听力，然而祸不单行，她后来又丧失了语言表达能力。不过，海伦没有因此而放弃自己，她靠手指来“观察”老师莎莉文小姐的嘴唇，用触觉来领会她喉咙的颤动、嘴的运动和面部表情的方式来学习发好每一个词和句子，并且反复练习。在大学学习时，许多教材都没有盲文本，海伦要靠别人把书的内容拼写在她手上，因此她预习功课的时间要比别的同学多得多。当别的同学在外面嬉戏、唱歌的时候，她却在花费很多时间努力学习。

对于海伦来说，这个世界是黑暗而又寂寞的，但是她竟然学会了读书和说话，并以优异的成绩毕业于美国拉德克利夫学院，成为一位学识渊博，掌握了英、法、德、拉丁、希腊五种语言的著名作家和教育家。她没有把自己看作与别人不同，像常人一样热爱生活，会骑马、滑雪、下棋，还喜欢戏剧演出，喜爱参观博物馆和名胜古迹，并从中获得知识。海伦21岁时和老师合作发表了她的处女作《我生活的故事》，在以后的60多年中，她共写下了14部著作。海伦的努力不只是为了自己，而是把自己的一生献给了盲人福利和教育事业，并得到了许多国家政府的嘉奖。

海伦是一个残疾人，但她却奇迹般走出了光辉的一生。她从学习认字到学会阅读，再到成为一个有文化修养的大学生，这一路走来需要超乎常人的毅力，这真是一个奇迹！海伦用顽强的毅力克服了生理缺陷所造成的精神痛苦，这种坚强的意志是非常值得当今的孩子学习的。具备坚强的意志可以改变人的一生，所以炼就坚强意志，就能掌控自己生活的一切。

## 给父母支招

意志力是人控制自己的冲动和行动的力量，这种控制的力量越强，就越能控制好自己的行为。控制力强的人表现为：做事情有耐心，不急躁；一旦确定了目标，就要坚持不懈地把它完成；遇到挫折时，努力想办法解决，直到将它克服；每天都能够坚持做平凡枯燥但必须做的事情。这些就是父母要培养孩子坚强意志的目标。

**第一招：注重日常熏陶。**

要培养孩子坚强的意志，父母首先要改变自己的观念，划清爱与溺爱的界限。父母可以通过讲故事、陪孩子看动画片等形式加强对孩子的熏陶。在内容方面，可以选择一些正面的传统故事，如“铁杵磨针”“劈山救母”等传统故事，还可以选择一些负面的故事，父母在讲故事的同时加以引导，让孩子正确理解故事给人的启示。如针对“铁杵磨针”的故事，父母要引导孩子学习这种锲而不舍的精神，而不是让孩子学习这种笨拙的做事方法。

**第二招：从小事做起，磨炼孩子的意志。**

有些孩子意志不够坚强，但又不肯从小事做起。以为一节课，一次作业，这些与意志无关。其实，逃一次课，少做一次作业，滋长了薄弱的意志。相反，学习上意志坚强的人，必定认真对待每一堂课，每一次作业，积小胜为大胜，才会获得学习上的成功。

有的孩子学习时，经常是削削铅笔，捅捅这个，摸摸那个，总不能集中精力去学习。这时候，父母可以适当缩短孩子学习的时间，要求他在一定时间内完成哪些作业，做完后就可以痛痛快快地玩，不要以学习时间的长短来判断学习质量。

父母应该把孩子远大的志向与日常的学习、工作和生活联系起来，监督孩子做好每一次作业，从现在做起，把学习和生活中遇到的每一个小困难都当成磨炼意志的好机会。其实从小事做起，只是起点，培养坚强的意志品质，要随着孩子的成长和进步，从小到大，从易到难，从低到高地磨炼孩子。当孩子能够迎接越来越大的困难挑战时，一个意志坚强的孩子就站在父母面前了。

**第三招：教育孩子学会“跟自己对着干”。**

“跟自己对着干”就是要孩子认识自己的意志水平，发现自己的不足。这个时候，父母要发挥自己的榜样力量，绝不要生活懈怠，做事半途而废。最好通过体力活动或劳动，从外到内培养孩子坚强的意志品质。可以试用以下的方式进行：

- 让孩子热爱劳动。每逢节假日，父母可以带孩子到农村体验生活，让孩子干一些力所能及的农田劳动，如采棉花、摘豆角、拔草等。即使遇到像耕种这样不适合孩子干的农活，也可以在田间地头给孩子划一小块地，分给孩子一些种子、化肥、塑料薄膜之类的生产资料，让孩子试着完成一些“不可能的任务”。

- 和孩子一起坚持长跑。不要定下诸如“坚持每天跑步”这样笼统的计划，而应该这样告诉孩子“我们要坚持每天在晚上 8 点前跑 3 千米”、

“我们要在明天比今天多跑 1 千米”，定目标的时候不要“一口吃个胖子”，应逐渐增加难度，如果完成不了任务还要给予适当的惩罚。长跑的目的不在于孩子能够跑多长，而在于达到孩子对自我极限的挑战。

## 功课 18

### 培养胆量，承载生活的际遇

不少父母觉得自己的孩子胆量太小，于是经常给孩子讲些古里古怪的“鬼”“妖怪”等故事，还有的父母则硬带着孩子去蹦极，以为这样可以锻炼孩子的胆量，没想到反而给孩子心里留下了阴影。培养胆量并不是让孩子去冒险，而是让孩子能够披荆斩棘，走向成功。

### 小故事，大启示

一个公司的老板要招聘雇员，有三个人前来应聘。

老板给第一个应聘者的面试题目是：楼道有个玻璃窗，你用拳头把它击碎。应聘者毫不犹豫，没带任何工具，也没做任何保护措施就按照要求完成了任务。幸好，那不是一块真的玻璃，否则的话他的手定会严重受伤。

老板给第二个应聘者出的题目是：去装一桶脏水，然后把它泼到此刻正在楼道拐角处一间小屋里休息的清洁工身上，不必说话，推开门泼到她身上就是了。这位应聘者提着脏水出去，找到那间小屋，推开门，果然见到一位女清洁工在那里。他也二话不说，把脏水泼在她头上，然后回来向老板交差。老板才告诉他，坐在那里的只不过是个蜡像，否则的话，肯定遭到清洁工的投诉。

老板给最后一个应聘者出的题目是：大厅里坐着个胖子，你去狠狠击他两拳。出人意料的是，这位应聘者说：对不起，我没有任何理由去攻击他；即使有理由，我也不能用暴力的方法来解决问题。我因此可能不会被您录用，但我也不执行您这样的命令。

最后，老板宣布要聘用第三位应聘者，理由是他是一个勇敢的人，也是一个理性的人。他有勇气不执行老板荒唐的命令，当然也更有勇气不执行其他人的荒唐命令了。

有胆量的人不一定什么都敢于硬来，而是能够理智地处理面临的挑战。前两位应聘者虽然有勇气，但是没有理性，即“有勇无谋”。而最后一位应聘者则体现了胆量的力量，那就是敢说、敢想、敢干。光有一个“敢”字，是不够的，需要大气量的协助，才能说得对，想得对，做得对。培养孩子的胆量，才能让他们体会生活的自由和舒畅，才能让他们不失去自我，有自己的航标，才能让他们拥有一份平淡从容的宁静。总之，培养孩子的胆量可以帮助他们承载生活的各种际遇。

## 给父母支招

孩子胆小是由多种因素造成的，首先是先天因素，性格内向、不善于与人交往的父母往往会使孩子遗传了他们的特点；其次是环境因素，现在一家一户的封闭环境使孩子缺乏与同伴交往的生活空间，造成孩子孤独、胆怯的性格；再有，教育不当是孩子胆小怕事、缺少勇敢精神的重要原因；最后，没有切身体验也容易使孩子缺乏勇气。在清楚了这些影响孩子胆量的因素之后，父母就要着重从这四个方面做一些改变。

**第一招：鼓励孩子敢于说出自己的不同意见和建议。**

权威型的家庭特点是严格但不民主，父母要求孩子无条件地服从自己，导致孩子不敢自由发表自己的意见，这削弱了孩子勇气的表达。与此相对，民主型的家庭特点是成员间互相尊重、平等交流，这种家庭是最适宜培养孩子胆量的。因此，父母应该就某件事主动问孩子的意见，并问清楚理由，最后尽量采纳孩子的建议，这样可以增强孩子说出自己想法的信心。例如，要装修孩子的房间，完全可以按照孩子的意愿来进行。

**第二招：制造机会，让孩子在人多的场合大声说话。**

父母常常会发现，家里来了客人，孩子总是躲在角落一言不发，给客人打招呼也是躲躲闪闪。这是中国孩子的普遍现象，其实这与父母对孩子的高期望和高标准有关。这些期望和标准使父母在面对孩子时产生不良情绪，父母的焦虑、急躁等不良情绪，又会对孩子的心理造成消极的影响。一个好的办法是：鼓励孩子在熟人面前讲话，然后在熟人人群中增加一些陌生人，这样逐渐增加人群的陌生程度，直到全部是陌生人为止。从孩子敢于开口打招呼开始，不断进行鼓励，到让他们敢于大方地发言。如果孩子确实不敢在大人面前讲话，父母可以有意识地多邀请邻居、亲朋好友的孩子来家里做客、玩耍，让孩子在小朋友中开口说话。

**第三招：通过体验锻炼孩子的胆量。**

很多父母看见小孩子滑冰就说很危险，害怕孩子受伤，不让孩子玩；看见宠物狗又告诫孩子不要靠近，说危险，害怕小狗会咬伤孩子；去游乐园，不让孩子玩过山车，说危险，害怕孩子玩完下来会头晕……父母的这些行为都不利于孩子胆量的培养，最有效的方法就是放手让他们去体验。

● 刺激适应法。向孩子介绍他们所恐惧的事物，使他们熟悉这些事物的特征。然后，让孩子逐步接触他们害怕的事物，适应一段时间之后，加大孩子与恐惧事物的接触频率，这样，孩子的恐惧感便渐渐消除了。但是这种方法应坚持循序渐进的原则，注意千万不可猛然接触。

● 榜样模仿法。有意让胆小的孩子从影视或书刊中看同龄人的胆大行为，并立刻鼓励他们也试一试。让他们做某件平时不敢做的事情，如夜晚到门外看一眼，或走一小段夜路（大人可隐蔽跟在其后），当孩子自己一个人完成这些任务之后，便会勇气大增。

● 技能训练法。上街时教给孩子交通规则并嘱咐其他注意事项，说明怎样走危险，怎样才安全。父母还应该叮嘱孩子记住必要的电话号码，如父母单位的电话，警察局电话，消防电话，医院电话等。这样，让孩子感到如果遇到危险也会有人帮助，就不会遇事畏首畏尾了。让孩子学会自我保护，当孩子感觉自己有自护本领时，他们的胆怯度就会越来越低，自然会从容面对一切。

**第四招：在生活中培养孩子的敢想。**

敢想并不等于胡思乱想，而是一种设计，一种构想。其出发点是希望生活过得愉悦、更好。父母可以鼓励孩子大胆想象，构想未来的衣服，未来的房子，未来的眼镜，未来的手机。鼓励他们把家里很多不合理的地方指出来，使自己家的生活更舒适。

## 功课 19

### 从善如流，从善待自己开始

生活中，许多父母怕自己孩子受欺负、容易上当，于是往往会给他们进行一些“特殊教育”，如“咱们宁可赔钱，也不能吃亏”“别人打你，你也打他，打不过就咬”，以为这样就是让孩子学会保护自己、善待自己。其实这是一种错误的教育方式。

### 小故事，大启示

这是发生在一辆公交车上的小事。一个大腹便便的孕妇上车了，站在一个青春靓丽的少女旁边。自从孕妇站在少女旁边的那一刻起，她的脸就始终朝着车窗外，一点也没有要让座的意思，还装得理所当然，仿佛她没有看到一个即将做妈妈的人正和她的小宝宝一起站着，随车体晃动。

然而这个孕妇神态自若，一点也没有因此而显得不高兴，大概她正幸福地想着肚里的小宝贝，脸上还不时露出甜蜜、安详的微笑。

事实上，少女看到了孕妇，这是全车的乘客都心知肚明的事，所以少女很清楚自己的看不见是装出来的，而且装得很不像。于是车上出现了这样一个有趣的情景：少女有座位可以坐，但她坐着心情一点也不轻松，一点也不舒畅，躲躲闪闪的目光暗示着她的不安；孕妇没有座位可以坐，但她心情愉快，她的表情愉悦着自己，也愉悦着别人。

这时，后座一个 30 多岁的男人起身为孕妇让了座。随后，他一只手抓住车扶手，另一只手拿着一张报纸看了起来。又过了几站，这名男子哼着小调下了车。

这名男子的举动固然可以称得上是善举，但是孕妇的举动同样也是值得赞赏的善举。因为她不认为别人理所当然要给自己让座，在起初无人让座的时候仍能怡然自得，保持一颗平常心，这就是善待自己的举动。那位少女不让座，不但没有获得众人的称赞，反而让自己尴尬难堪。即使她有座或许可以使自己不用站着那么累，但是由于自己的良心不安，受着心灵的折磨，这不正是让自己吃亏吗？又如何谈得上是善待自己呢？所以说，从善如流，需要从善待自己开始。

## 给父母支招

**第一招：善待自己，就要让孩子把握好自己。**

父母的善良教育除了以“特殊”的方式教孩子“不要吃亏”之外，另一种极端的方式总是要孩子注意对别人友善，却忽视了要孩子对自己友善。

• 注意自己的语言。每一个人都会有自言自语，有时是积极的，有时是消极的。例如，孩子不小心犯了错误，就对自己说“我这个白痴”或者“我怎么可以那样做?”诸如此类的话。这个时候，父母应该反问孩子：你对自己说的话不会对别人说吗？你对自己友善吗？

• 对自己耐心一点。当孩子对自己不能迅速达到目标而显得不耐烦时，往往会降低他们的自尊心，整天充满坏心情。没有耐心也会使孩子停滞不前，陷入消极的过去。所以，父母应该在孩子埋怨某件事情很“麻烦”的时候，注意增加孩子的自信心。

• 对自己慷慨一点。友善的一种行为表现是在物质、时间或精力上给予自己想要的，如允许孩子花些时间和精力放松自己，看场电影；花点零用钱和朋友去游乐场，或者为自己买个心仪已久的礼物……父母不要为此而责怪孩子乱花钱。

• 不要为小事而烦恼。孩子常常因为塞车而烦躁，因为别人买票插了自己的队而生气，因为服务生态度恶劣而一个人生闷气……父母在这个时候要问清楚孩子为什么生气，把虐待儿童、人民遭受战争之苦等严重的事情与这些小事作比较，孩子就会发现，为这些小事而烦恼是多么的没有必要。

• 不断地自我激励。孩子每做好一件事，父母应该引导他们对自己说："我真的很不错！"

**第二招：从善待自己升华到从善如流。**

我们并不是活在真空里的，而是与周围的一切共存，所以善待自己，就要善待自己周围的一切。

• 保护环境和动物。让孩子在学习中尽量节省文具用品，杜绝浪费，例如铅笔是用木材制造的，浪费了铅笔就等于毁灭了森林；爱护花草树木，不破坏城市绿化，并且和孩子一起积极参加绿化植树活动；不要随意捕杀野生动物，尤其不要吃人类的益友——青蛙，因为1只青蛙1年内大约能吃掉1.5万只昆虫，其中主要是害虫……通过把环境和孩子的生活联系在一起，引导孩子从善待自己开始走向善待他人。

• 同情并帮助弱者，创造机会让孩子帮助有困难的人。现在街上很多乞丐采用各种骗术，如用伤残、病痛等理由想博得大家的同情，而孩子生来就有一颗善良的心，见到这些乞丐就会慷慨解囊。父母千万不要打击孩子的善良，阻止他们不分好坏的行善，而应该鼓励这种行为。更好的办法就是，与孩子一起到孤儿院，养老院等机构行善，这样孩子在慢慢长大的过程中，自然会分清哪些人值得自己慷慨解囊，哪些不值得。

• 对待他人要有宽容心。这就要求孩子要敢于舍弃个人的私欲，在遇到具体问题时，能不能做到宽容，关键在于是不是过于在乎自己的"面子"。在看待个人得失的问题上，父母要引导孩子学会宽容别人的缺点和错误，因为孩子本身也并不是个完美的人，为什么不容许别人也有错误的时候呢？

●唾弃暴力。父母不应该给孩子提供暴力玩具，要让孩子远离暴力镜头。在处理问题时，父母也要教孩子采用理智的方法，而非使用暴力行为。

## 功课20

## 感恩，一种社会竞争力

现在的家庭独生子女居多，孩子就好像是家里的“小皇帝”，爸爸、妈妈、爷爷、奶奶总是围着他们转，对他们的照顾无微不至，从未想过从孩子身上得到什么回报。孩子从小就养成“饭来张口，衣来伸手”的坏习惯，以至于他们不懂得什么是“感恩”。让孩子学会感恩，可以使他们在社会竞争中得到一系列意想不到的回报。

### 小故事，大启示

在一个闹饥荒的城市，有一位家庭殷实而且心地善良的面包师，他把城里最穷的孩子招集到家门前，然后给他们每人一个面包，并对他们说：“在上帝带来好光景以前，你们每天都可以来拿一个面包。”

饥饿的孩子们听了，一窝蜂地涌上来，他们争吵着要拿最大的面包。当他们每人都拿到了面包后，竟然没有一个人向这位好心的面包师说声“谢谢”，就走了。但是有一个叫依娃的小女孩没有和大家一起争抢，而是谦让地等候，每次都是最后一个拿篮子里最小的面包。每次拿完面包，她总是要向面包师表示感谢，并亲吻他的手之后才离开。

有一天，面包师像往常一样把面包篮子放到孩子们面前。依娃依然最后一个拿面包，这次的面包比之前的都要小得多。回到家后，妈妈切开面包，许多崭新、发亮的银币掉了出来。妈妈诧异地叫道：“立即把钱送回去，一定是师傅揉面的时候不小心揉进去的。赶快去，依娃，赶快去！”

依娃乖乖地跑到面包师家里，要把银币还给他。面包师面露慈爱地说："不，我的孩子，这没有错。是我把银币放进小面包里的，我要奖励你。愿你永远保持现在这样一颗平和、感恩的心。回家去吧，告诉你妈妈这些钱是你的了。"依娃高兴地跑回家，把事情告诉了妈妈。妈妈告诉她，这是她的感恩之心得到的回报。

尽管依娃还没有能力在物质上给予面包师回报，但是她怀有的一颗感恩之心却是比物质更有价值的东西。现在社会上的竞争越演越烈，人们需要重新审视自己的价值。懂得感恩的人受人们欢迎，人们愿意跟他们再次合作；而不懂感恩的人觉得别人帮他是应该的，不思回报，别人就不愿意再帮他。不要以为在竞争中靠单枪匹马就能获得成功，一个人的成功必然需要亲情、友情、爱情、社会资源的支持。所以，学会感恩是一种社会竞争力。

## 给父母支招

孩子感恩之心的培养通常受到几个因素的影响：认知因素，只有意识到别人的付出才能产生感恩之心；亲身体验，只有感受到感恩所带来的鼓励和喜悦才能继续行动；家庭和社会氛围的影响，只有生活在充满感恩的环境中才会耳濡目染。所以，父母可以从上述几个因素着手来培养孩子的感恩之心。

**第一招：让孩子从感恩父母做起，引导孩子时时注意别人的付出。**

如今不少孩子常常在伙伴面前吹嘘自己父母的地位如何显赫，如何富有，却不愿意谈及父母真实的工作状况。据资料调查显示：70%的孩子认为父母的付出是天经地义，没什么过意不去的。这些孩子根本不知道父母工作的辛苦，更不知道父母的钱是如何来之不易。虽然父母对孩子的付出是不求回报的，但是父母应该让孩子理解自己的艰辛，同时要让他们真心地发现他人的付出，懂得对他人回报。

●让孩子理解父母的艰辛。父母的工作很忙、很多，孩子不可能直接参与，但可以让孩子通过眼睛去看，看父母是如何忙碌一整天的。还可以通过语言来传达，例如，下班回来很累的时候，可以告诉孩子："妈妈今天好累哦，抱抱我吧，过一会，我还要擦地呢。"

●父母要在孩子面前学会"示弱"。如果父母总能把每件事做得又快又好，那么孩子就没有机会插手帮忙，这样很容易让他们认为父母做的一切都是理所当然的事。所以，父母应该让孩子帮自己做他们力所能及的事，让孩子去吃苦，就是让他们懂得父母和别人的给予与帮助是一种"恩惠"，而不是理所当然或者欠他们的。

●让孩子面对家人也要多说感谢的话。例如，给孩子买了新衣服，可以跟他说："这是爸爸给你买的新衣服，要去跟爸爸说谢谢哦。"；孩子收到礼物，可以跟他说："这本书是哥哥姐姐送你的，你要谢谢哥哥姐姐。"这样，引导孩子多说"感谢"的话语，让他们养成说感谢的习惯。

**第二招：父母要注意言行和榜样的作用。**

感恩是相互影响的，父母要注意自己的言行，用"言传身教"的原则来引导孩子的感恩行为。

●父母要起表率作用。父母的一言一行都会被孩子有意无意地看在眼里，记在心里。作为父母，在对孩子实施感恩教育的过程中，应秉持"以身作则"的原则，做好感恩的表率。所以父母应该注意关心和感激上一代，孝顺自己的父母，经常看望他们，为他们添衣添食，给他们挂挂电话问候，为他们过生日，一起过节等等，而且这些事都应该和孩子一起做或在孩子面前做。

●利用各种媒介进行教育。各种节日可以作为教育的载体，比如感恩节，让孩子写下自己要感谢的人；春节时，要教孩子热情接受爷爷、奶奶及其他亲属送给他们的礼物，并表示感谢，不管价钱多少，回到家里都要求孩子妥善保管，学会珍惜别人的情意；教师节，让孩子亲手制作贺卡送给老师，表达对老师的美好祝愿；父亲节和母亲节，给父母说几句感谢的话语，不一定感谢父母给他们帮了多大的忙，只需表达生活中感觉很幸福的一点一滴。也可以给孩子讲传统美德故事或长辈们小时候尊老爱幼的事情，向孩子渗透“吃水不忘挖井人”的道理。有一个很感人的公益广告：一个小男孩看到自己的妈妈给奶奶端水洗脚，然后自己也端了水要给妈妈洗脚。还有，像雷锋的故事和电影等都是很好的教育例子。

**第三招：注意细节的引导，使孩子常怀一颗感恩之心。**

• 无论是接受谁递送的礼物，都要双手接过来，并大声说“谢谢”。父母要常常提醒孩子，别忘了对帮助过自己的同学和老师说声“谢谢”；别忘了给自己做饭的奶奶捶捶后背；别忘了把喜欢的东西和大家分享；别忘了给美丽的花儿浇水；别忘了向给自己快乐的小鸟挥挥手；别忘了自己受着大人的照顾、自然的惠泽……

• 注重孩子和伙伴在一起的细节。孩子最喜欢和自己的伙伴一起玩，而现在的孩子常常以自我为中心，对好吃好玩的东西肯定想自己先占有，即使是好朋友的都要霸占，这些习惯都是不好的。平常在家时，父母要找机会试探锻炼孩子的行为，还有让孩子主动去关心其他小朋友，比如生病时的问候，多创造孩子和伙伴一起合作的机会，让孩子懂得他再强也离不开他人的帮助，对朋友施给的恩惠即使再小也要铭记在心。

• 从身边小事引导孩子联想。比如，妈妈带孩子上街，看到清扫马路的清洁工阿姨，要给他们讲：清洁工阿姨每天清晨顶着星星出来扫地，给大家创造了干净整洁的环境，我们不能随手乱丢废纸垃圾。吃午饭时告诉孩子：白米饭和各种蔬菜都是农民伯伯辛苦劳作种出来的，千万不要浪费。总之，要让孩子懂得感激那些给社会创造财富、给大家带来幸福生活的人。

## 功课 21

## 爱要说出来，更要做出来

孩子小的时候会主动给自己喜欢的人一个拥抱，给要感谢的人一个亲切的吻。然而，当他们慢慢长大之后，这些举动也越来越少，因为学会了含蓄。含蓄是中国人一个显著的特点，这是几千年传承下来的，难以改变。含蓄有时候可以看作是一种美德，但有时候会压抑孩子的感情，而父母也常常误会孩子的情感，所以才会出现父母与孩子吵架，父母误会孩子早恋等现象。

### 小故事，大启示

一个 12 岁的中国小女孩随父母移居到了德国，有一位跟她年龄相仿的德国小男孩喜欢上了她。小男孩为了表明自己的爱意，总是想方设法地接近这个小女孩，还经常送她小礼物。中国的小女孩从小受到传统观念的影响，不准早恋，所以她也只好拒绝了男孩。但是这个男孩仍然很执着地表示要女孩做他女朋友。

有一次，小女孩生病，请假没来上学，小男孩见不到小女孩，便说自己无法认真上课，所以要回家。老师怎么拦也拦不住他。回到家后，小男孩跟父母解释了自己的想法，也表达了自己对小女孩的爱。他的父母不但没有骂他，而是鼓励他说："你喜欢上一个女孩子，这不是一件好事吗？不过，等你们结婚的时候，需要住房、汽车，还有漂亮的结婚礼服，你们一起出外旅游需要一大笔钱。你若好好读书，并成为一个有本事的人，这一切肯定能如愿以偿。可如今你连自己都照顾不好，又怎么能照顾好你未来的妻子呢？你爱她，就必须有能力给她带来幸福、快乐，你们的爱情才会美满。”

德国父母的这一番话很管用，男孩从此不只是给小女孩礼物作为惊喜，而是开始认真学习了，这令小女孩对他也开始刮目相看。

不管这个故事发展的结果怎样，但是值得我们学习的是德国父母对爱的教育方式。要是换到中国父母，可以想象到，他们会如何不知所措地面对孩子的“早恋”迹象。德国父母从小就让孩子敢于说出爱，而且让孩子懂得爱是要用行动来表示的，这种正确的教育引导比棍棒教育和教条式教育要有效得多。爱是一种能力，不能只有好心就行，还必须有爱的素质、爱的质量、爱的艺术，这才是真正的爱。所以，爱既要说出来，更要做出来。

## 给父母支招

孩子的爱心需要从小培养，在婴儿时期父母要经常爱抚孩子，对孩子微笑，让孩子感受到父母对他们的爱，这是孩子萌生爱心的起点。随着孩子一天天长大，父母要把自己看作孩子的伙伴，陪孩子游戏、聊天、学习，让孩子感受到家庭的温暖，感受到被爱的幸福，为孩子能够用行动表达爱心打下基础。

**第一招：父母要学会接受孩子的爱，同时让孩子感受爱。**

很多父母习惯了对孩子付出，而在面对孩子爱的付出时常常做出“拒绝”行为，这样做其实不仅不能让孩子感受到父母对他的疼爱，有时反而会深深伤害孩子表达爱的积极性。

• 保护孩子最初的爱心。当孩子主动表达爱时，父母要欣然接受，使孩子的爱心有机会得到发挥。有时候，父母们由于工作忙或其他原因，对孩子表现出来的爱心或视而不见，或训斥一番，把孩子的爱心扼杀在萌芽之中。例如，孩子为刚下班的妈妈倒了一杯茶，妈妈却冷冷地对他说："去去去，谁用你倒茶？快写作业去！"妈妈的这种做法是不妥的，因为孩子拥有了对母亲的爱，而母亲却没有接受孩子的爱，正因为如此孩子爱的萌动被遏制了，孩子认为父母不需要他们的爱。

● 巧设意境，不失时机地进行情感教育。一个能够懂得解读他人面部表情或言语的孩子，就能够与周围的人相处得更好。因为他们能够捕捉情绪的信息，体恤他人的心情，理解别人的情感。父母在平时读报或看书时，如果有展示人物心情的图片，可以模仿人物的心情和语气给孩子讲述。比如和孩子一起看《丑小鸭》的时候，可以用关爱的语气说："你看这个小鸭子怎么了？下雪了，它真冷啊！它都哭了！你问问小鸭子，它冷不冷啊？你愿不愿意给它一杯热茶，抱抱它呢？"通过向孩子演绎各种情感的外在表现，可以让孩子认识和体会他人的感情。又如看到母鸡保护小鸡时，可介绍母爱的伟大、无私和奋不顾身；雪后的草地上，父母可以模拟小草在呼喊："哎哟，雪压得我喘不过气，谁来帮帮我？"孩子便会开始主动铲雪。

**第二招：培养孩子的移情能力。**

所谓移情能力是指能设身处地地为他人着想、感受他人情感的能力。经常让孩子把自己的痛苦状态与别人在同样情境下的体验加以对比，体会别人的心情，可以让孩子学会理解别人，学会移情。

例如，当看到别人生病疼痛时，父母们可以让孩子结合自己的疼痛经验来体会、感受他人的痛苦，从而为他人提供力所能及的物质或精神上的帮助。看到小朋友摔倒，父母应该这样启发孩子："想想你摔倒时，是不是很疼？小朋友一定很难受，快去扶起他，帮他擦擦脸。"另外，"将物拟人化"也是一种通过培养移情能力来进行爱心教育的有效方法。例如，孩子在追打小狗时，父母应该说："你打小狗就像别的小朋友打你一样，多疼啊！它就不会再跟你做朋友了。"孩子破坏公物，父母可以说："你把它们的衣服撕破了，它们多难受啊！”如果孩子对花草树木也能付出爱心，那么他们也能将这份爱心施诸于人了。

**第三招：在日常生活中培养孩子正确地表达爱意。**

许多父母只知道一味地疼爱孩子，却忽略了给孩子提供表达爱意的机会。尽管含蓄作为中国人的特征难以改变，但是父母也应该尽力帮助孩子正确地表达爱意，否则的话，孩子会渐渐淡化施爱，只知道索取，不知道给予。

- 用行动来表达爱心。在学校里，老师常常用捐款的方式让孩子献爱心，这对于孩子的爱心培养是不够的。所以，父母在家庭教育中应该更注重引导孩子用行动来表达爱意。例如，孩子的奶奶蹲在那里摘菜，父母可对孩子说：“瞧，奶奶在为咱们摘菜，她蹲在那儿多累啊！”孩子听后可能会去为奶奶搬个小椅子。这时，父母便要抓住这一时机，对孩子关心奶奶的行为予以肯定，进行心理上的强化。父母可以引导孩子问奶奶：“奶奶，您还累吗？”当奶奶回答说：“不累了，我的小孙子知道心疼奶奶了！”孩子的心里也会觉得美滋滋的。孩子下次再遇到类似的情况定会重复这种良好的行为。另外，父母可以和孩子一起到民政局捐衣服，建议孩子省下零用钱买生活用品去慰问贫穷的小朋友，争取每个月花一天时间和孩子一起参加志愿者的活动。

- 拓展孩子的交往范围，培养表达爱心的能力。目前我国已有38%的独生子女家庭，这些孩子普遍缺乏言语交流的伙伴，这是导致他们不懂得爱人、不会表达爱的一个重要原因。所以父母应该尽可能多地为孩子创造与人交往的机会，如可以让孩子在社区里活动，让他自由地与同龄小朋友交往、一起玩耍。在交往中引导孩子学会宽容别人，教育孩子心中要有他人，学会在与同伴交往时照顾他人的利益和需要，意识到任意发泄自己的情绪会不受同伴和成人的欢迎。

- 鼓励孩子不要压抑自己的情感。情窦初开的孩子会有自己喜欢的异性朋友，这是很正常的事。很多父母害怕孩子因为早恋而影响了学业，所以就百般阻挠孩子与异性的交往。这样一来，孩子的正常情感不能得到很好的宣泄，反而会采取一些极端的方式与父母对着干。其实孩子有自己喜欢的朋友是件好事，父母应该鼓励他们勇敢地说出自己心中的感受，并引导他们，要实现自己的梦想就应该从现在做起，踏踏实实地学习，才能让对方对自己产生好感。

## 功课22

# 感谢对手，营造完善人格

面对那些令自己达不到期望目标的人，很多父母不免会心怀怨恨，更别说是心智还不成熟的孩子。例如，面对排名第一的同学，自己好像永远都只能排第二，所以孩子常常会与这个第一名仇人似的。这在外人看来似乎是一个负面的影响，但是反过来想想，要不是有个第一名，孩子可能就不会再继续努力以争取第一的位置了。从这个角度看来，对手的存在就是一种动力源。

### 小故事，大启示

一位动物学家对生活在非洲大草原奥兰治河两岸的羚羊很感兴趣，于是他对河两岸的羚羊进行了调查，结果发现：在生存环境、属类和饲料来源都一样的情况下，奥兰治河东岸的羚羊群繁殖能力比西岸的羚羊强，每分钟的奔跑速度也比西岸的羚羊快13米。

这一发现十分有趣，于是动物学家决定对两岸羚羊的生存状况做进一步的研究。他在东西两岸各捉了10只羚羊，然后把东岸的羚羊送到西岸，而把西岸的送到东岸。结果运到东岸的10只羚羊繁殖到了14只，运到西岸的10只羚羊只剩下了5只，有5只因生病而死亡。

后来，动物学家深入到东西两岸寻找原因。通过实地勘察和比较，他惊奇地发现：东岸生活着一个狼群，而西岸却没有。狼是羚羊的天敌，为什么在有狼的东岸，羚羊生存得更健康呢？原来，在有狼的东岸，羚羊为了跑得更快来逃避狼的捕食，它们不得不靠锻炼来造就一副强健的体魄，这使得它们异常的敏捷；而西岸的羚羊由于没有狼群的威胁，每天过着悠哉游哉的生活，缺乏锻炼，致使它们奔跑速度变慢，体质也越来越弱，影响了繁殖能力。

于是，动物学家得出一个结论：奥兰河东岸羚羊群的强大，得益于狼群的存在。

这就是达尔文对自然界各种生物生存总结的“适者生存，不适者淘汰”的规律。没有天敌的动物往往最先灭亡，有天敌的动物则会逐步繁衍壮大。生存在这个社会中的人也一样遵循着这个规律。因为当一个人拥有对手的时候，为了战胜他，不得不努力奋斗，学会各种本领，不断地超越自己，以求取胜。在双方的较量中，可以说双方的潜力都会得到最大的发挥与提高。所以说，我们每一个人都没有必要憎恨自己的对手，反而要感谢这些对手为我们带来挫折和磨练，才使我们有不断向上的动力。

## 给父母支招

对于孩子来说，对手不只是与自己有竞争的同学或朋友，还包括困难和自己本身。美国的儿童心理学家曾经教给父母们一个叫做“3C”的办法来帮助孩子们度过困境。所谓“3C”是指 control（调整），challenge（挑战）和 commitment（承诺）。“调整”是为了帮助孩子了解“困难并不等于绝境”；“挑战”是为了让他们学会在不高兴的事情中看到快乐的一面；“承诺”是为了帮助孩子看到生活更为广大的目的和意义。要教育孩子学会感谢敌人，可以从以上三个阶段入手。

**第一招：正视挫折，理解挫折的意义。**

孩子的生活有不同的困难，当孩子面临困难时，父母应该让他们直观地了解事物发展的过程，从反复体验中逐步认识到挫折的普遍性和客观性，从而真切地感受到要做任何事情都会遇到困难，成功的喜悦恰恰来自于问题的解决。只有让孩子在克服困难中感受挫折，认识挫折，才能培养出他们不怕挫折、敢于面对挫折的能力。因此，父母应该引导孩子树立这样的思想：挫折使我们又多学到了一些在通常情况下无法学到的知识，是使我们更加倾向成熟的一种有效途径，只有这样，我们才会不怕挫折，才能更加正确地对待挫折。

- 挫折能够激发孩子的潜能。面对挫折，凭着孩子那种不服输的脾气，能够激发他们的潜能和探索精神，从而进行研究性学习，切实掌握知识。

- 竞争者的存在能够提醒孩子要戒骄戒躁。学习上存在竞争者可以让孩子正确认识自己的能力，排除自己的骄傲情绪，戒骄戒躁，从而取得更大的进步。

- 经历过挫折才能使孩子真正享受成功的喜悦。如果孩子能够通过自己的努力战胜自己的对手，那种喜悦是不言而喻的。“纸上得来终觉浅，要想绝知须躬行”，说的就是这个道理。

- 经历过磨炼才能使孩子更好地适应现代社会。现代社会是一个充满挑战的社会，在这样的社会中，不遭受挫折是不可能的。只有孩子在生活中遭受诸多挫折，掌握了应付挫折的方法，在一定程度上讲才能够更好地适应社会。

**第二招：利用和创设困难情景，提高孩子挫折承受力。**

有些孩子天资聪慧，而且很少遭到挫折。对于这样的孩子，父母应人为地设置障碍、制造挫折，以训练孩子对逆境的忍受能力。例如，可以在练习中找一些比较难的题目让孩子去做，他们可能费了好大的劲都无法得出正确的答案，让他们遭受一些挫折。这样，孩子在遭受挫折的同时也加深了对知识的理解，这对培养孩子忍受挫折的能力是很有帮助的。

其次，要创设困难还可以对孩子进行“吃苦教育”，例如带孩子登山、野营，让孩子自己动手捡柴火、准备食料，定期让孩子到艰苦的地方生活，锻炼生活自理独立的本领，培养他们挑战困难与挫折的坚强意志和抗挫能力。

再有，要引导孩子从挫折中学到知识，吃一堑，长一智。不能从失败中学到知识的人是没有什么希望的，人不应当两次在同一个地方跌倒。所以，父母要善于和孩子一起总结经验，从而内化为孩子的知识。在创设和利用困难情景的时候，要注意几个问题：

• 在设置障碍时，要注意预防性和针对性，有目的地组织障碍性活动。例如，孩子拿不到他想要的物品，父母不要马上拿给他，而要让孩子动脑筋，怎样才能拿到物品。

• 必须注意适度和适量。设置的情景要能引起孩子的挫折感，但不能太强，应该循序渐进，逐步增加难度；同时，孩子一次面临的难题不能太多，否则，过度的挫折会损伤孩子的自信心和积极性，使其产生严重的受挫感，从而失去探索的信心。

• 在孩子遇到困难而退缩时，要鼓励孩子；在孩子做出努力并取得成绩时，要及时肯定，让孩子体验成功，从而更有信心去面对新的困难。

• 对陷入严重挫折情景的孩子，要及时进行疏导，防止孩子因受挫折而产生失望、冷淡等不良心理反应，在必要时可帮助孩子一步一步实现目标。

**第三招：真诚地感谢对手，微笑面对挫折。**

一位哲人说："感谢你的对手 7 个 70 次。"这话道理深刻，意味深长。能从灵魂深处激励一个人，使其成就一番事业的，往往不是他的朋友，而是他的对手。勾践"卧薪尝胆，三千越甲可吞吴"便是极有力的一例。若深入思考一下，也许会发现，真正促使自己成功的、让自己坚持到底的、真正激励自己昂首阔步的，不是顺境和优越，不是朋友和亲人，而是那些常常可以置人于死地的打击、挫折，甚至是死神。所以孩子要感谢，感谢挫折磨练了自己的意志，感谢对手给自己前进的动力。

## 功课23

## 完美不是全部，缺陷不可或缺

在日常生活中，经常会听到父母不分场合地批评自己的孩子，或者拿孩子与别人的孩子进行比较，然后下一些结论性的评价。其实大人们都知道“人无完人”的道理，这些草率的做法当然不能弥补自己孩子的不足，也不可能使自己的孩子拥有别人孩子的长处，反而还会伤害孩子的自尊心，那么为什么不改变观念，正视孩子的优点和缺点呢?

### 小故事，大启示

古时候有一对夫妻生了五个儿子，他们的个性特点、身体状况各有不同。眼看五个儿子一天天长大，夫妻两人开始考虑让儿子们学点手艺，以便将来能自立。

老大头脑不太灵活，但是他身体结实，个性憨厚，能吃苦耐劳，于是父母就让他学种地，培养他当农民。

老二身体并不健壮，但从小聪明伶俐，思维敏捷，精明能干，于是父母让他学习经商，培养他当个商人。

老三有点驼背，但是他心思细腻，父母就教他学织布，因为驼背不影响干这种活。

老四是个盲人，两眼看不见，但是他推理能力好，于是父母让他学算卦，因为算卦不用眼睛。

老五是个残疾人，腿瘸，父母就让他学纺线，这样即使腿脚不方便也可以坐着干活。

五个儿子每个人都学会了一种谋生的技能，从事不同的职业，具备了独立生存的能力，夫妻两人放心多了。

这五个各有缺陷的孩子在现在的父母看来，必定觉得他们很让人操心。但是这对夫妻懂得根据每个孩子的特点，发挥他们各自的优势，努力扬长避短，把缺陷埋藏在优点背后，这种教育思想是十分明智的。如果这对夫妻抱着虚荣心，盲目与别人家的孩子攀比，一定要让孩子去念书，恐怕这只是满足了父母的“补偿心理”，根本没有考虑到孩子们的真正需要，从而有可能导致有的儿子学习不到对他们来说更实用的生活能力。所以，父母要正视孩子的缺陷，更要让孩子知道完美不是全部，缺陷是不可或缺的。

## 给父母支招

父母对孩子的期望太高，要求过严，希望孩子“十全十美”，这是一种错误的“完美主义”教育，其结果往往会走向父母愿望的反面。

**第一招：积极肯定孩子的优点，切忌抓住缺点不放。**

事物的发展总有其两面性，父母的目光不能总停留在负面，而应该敏锐地发现孩子的闪光点。有些父母总是盯住孩子的缺点，并且翻来覆去地唠叨，以为这样有利于形成孩子良好的行为，然而却出现了相反的效果。例如有些孩子有偏食的毛病，父母十分着急，希望孩子改掉坏习惯，于是逢人便说：“这孩子只吃鱼、肉、蛋，蔬菜不沾边……这可怎么办呢?”其实，当着孩子的面数落，更会加剧他们的缺点，甚至会出现越管越糟的现象。有位父母看了孩子同班同学的图画作品，觉得都很不错，但是发现自己孩子的画画得乱七八糟，但是这位父母却满怀惊叹地说：“孩子，你的画用了多少种颜色啊？我们来数一数。”然后，父母耐心地向孩子解释每一种颜色所表达的意思。这位父母深入挖掘孩子的优点，在充分肯定孩子的前提下调动了孩子画画的积极性。父母在面对孩子的缺点时要注意：

• 每个孩子都需要父母的关心和爱护，但更需要父母尊重他的人格。

• 教子成才应该按照“宽宽松松、顺其自然、因势利导”原则，面对现实，切合实际，循序渐进。

• 对于孩子的过失，应当采取适度的宽容，耐心给予帮助。对于孩子与父母“对着干”，甚至出现攻击行为，父母也要问问自己：孩子为什么要与自己过不去？孩子是否有痛苦？是否委屈了孩子？只有信任孩子，尊重孩子，才能取得良好的教育效果。

**第二招：适当利用比较的教育方法，表扬和批评都要分场合、分时候。**

拿自己的孩子和别人家的孩子比较是正常的事情，但不正常的是，有些父母不能对比较的结果进行一分为二的分析，只看到别人孩子的长处，看不到自己孩子的优点，动辄批评、指责孩子。常常听到父母对自己的孩子说“看人家小朋友多有礼貌，你为什么就不爱讲话”，“看人家小朋友多干净，你怎么就不讲卫生”这类的结论性评价，这样往往使孩子不能正确对待自己的缺点，产生自卑感、嫉妒心理，并会渐渐地丧失自信心。所以，父母要客观分析孩子的不足，努力寻找有针对性的解决办法，帮助孩子一步步地改正缺点，通过适时的表扬帮助孩子树立自信心，指导孩子扬长避短。

• 表扬和批评要适时。孩子的行为不考虑自己所作所为的后果，具有无意性，而且他们大多会在行为结束后很快就忘记了，所以父母应该在愉快的气氛中，在双方心情平静的时候和适宜的地方进行表扬和批评，从而加深孩子正确的是非观念。此外，表扬和批评要适量，并不是越多越好，有时候是不宜表扬或批评孩子的。比如，孩子在专注于某个活动时、学习用脑时，父母不必评价，以免打扰孩子。

• 表扬和批评要有针对性。孩子在某一方面表现好并不代表孩子的一切，所以父母在表扬孩子时应具体问题具体说。比如，孩子帮父母做家务，把地擦得干干净净，那么这时父母应该说“你把地擦得真干净”，而不应该说“你真棒!”

• 表扬和批评要与其他的教育方法结合。表扬和批评要和说服、教育相结合，让孩子既了解自己的优点，也知道自己对在哪里、错在哪里，明白应该如何去做。这样的效果才会好。

**第三招：评价孩子要谨慎，引导孩子正确对待缺点。**

每个孩子身体或性格上难免带有一些与生俱来的缺点，但这些缺点并不意味着失败，因为缺点也能产生美。如何让孩子辨别优点与缺点呢？那就是通过父母的评价。父母的各种评价通常都会对孩子的发展和成长产生直接的影响。因此，科学客观地评价自己的孩子，是父母引导孩子正确对待自己的缺点，通过努力把劣势转化成优势的重要方式。

• 评价要慎重。在评价孩子前，父母应该了解事情的原委，慎重思考，考虑成熟后，再选择合适的方式对孩子加以评价。这样，才能让评价发挥良好的导向和暗示作用。

• 评价要客观。评价孩子带有过浓的感情色彩是许多父母的不良习惯，有的父母觉得自己的孩子是最好的，有的父母则相反。所以在评价的时候要尽量避免用“最”、“一般一般”这些形容词，而应该用具体的形容词。

• 评价要有肯定也要有否定。评价不能一味地肯定或一味地否定。

• 家庭成员间的评价要达成一致。在有的家庭，成员间对孩子的评价不一致，甚至出现几种不同甚至相反的评价，这是极为有害的。这会让孩子不知所措，或学会左右逢源，或学会说谎，或我行我素。

## 功课 24

## 生活本不公，需要正确面对

在这个世界上，有的人一出生便花团锦簇，众星捧月；有的人一出生却重病缠身甚至不幸夭折；有的人先贫后富，有的人先贵后贱；同样的机遇和条件，有人平步青云，有人一落千丈……是的，生活就是这样不公平。有些不公平甚至穷其一生也不会改变，这时候怨恨、怒骂只会给自己带来不愉快，倒不如尝试去适应。

### 小故事，大启示

一天，通用公司要裁员，名单上有内勤部办公室的艾丽和密娜达，规定一个月之后她们必须离岗，当时她俩的眼圈都红红的。

第二天，艾丽的情绪依然很激动，仿佛吃了炸药似的，摆着一副臭脸。她不敢找老总去发泄，只好向主任诉冤："凭什么把我裁掉？我干得好好的"，找同事哭诉："这对我来说太不公平了！"艾丽的可怜样让人心生同情，只是她只顾到处诉苦，以致她的份内工作——订盒饭、传送文件、收发信件等都被耽误了。

而密娜达虽然为裁员的事哭了一晚上，但第二天上班就和往常一样努力地干活，面对大家同情的目光，她也只是笑着说："是福跑不了，是祸躲不过，反正这样了，不如干好最后一个月，以后想干恐怕都没机会了。"于是她每天依然非常勤快地打字复印，随叫随到，坚守在她的岗位上。

就这样一个月过去了，艾丽如期下岗，而密娜达却意外地被留了下来。主任当众传达了老总的话："密娜达的岗位，谁也无可替代，密娜达这样的员工，公司永远不会嫌多！"

两个同样面临裁员的职员对待事情的不同态度带来了不同的结果。艾丽不能面对现实，只会怨天尤人，错过了再次解决问题的机会；而密娜达能够正视生活中的不公平，及时调整了自己的心态，为自己挽回了工作的机会。承认生活并不公平这一事实的一个好处是激励自己尽己所能，因为让每件事情完美并不是"生活的使命"，而是我们自己对生活的挑战。我们承认生活是不平等的客观事实，并不意味着一切消极的开始，正因为我们接受了这个事实，我们才能放平心态，找到属于自己的人生定位。所以，尽管生活并不公平，但是需要正确面对。

## 给父母支招

我们不能因为月缺就说月球不是圆的，不能因为日食就说太阳不是永恒的。任何一件事都没有百分之百的好与坏，我们之所以常常会抱怨生活不公平，是因为我们对自己的处境总是抱着一种悲观、抱怨的态度。

**第一招：适当采用比较的方法，引导孩子直面不公。**

公平是相对的，公平感由于各人的需要、经历和思维方式的不同而有所不同。

- "比上不足，比下有余"的原则。当孩子对生活的不公平现象表现出不满的时候，可以通过比较的方法使他们心里感到安慰。例如，孩子觉得自己那么努力和刻苦学习，但成绩依然不理想，父母可以引导孩子看到积极的一面，那就是在学习的过程中孩子确实掌握了不少知识，成绩并不代表什么。又如，孩子觉得自己学习不错，但是家里没有钱，出国深造的机会比较渺茫，那么父母可以引导他们与其他更穷的、连书都读不起的孩子比较，这样，孩子心理就会舒坦很多。这就是运用了“比上不足，比下有余”的原则。

• 只跟自己比较，尽量少地提及别人的原则。例如孩子考试的成绩应该跟自己比较，看是否有所进步，这样就可以了。

值得注意的是，比较不是目的，而是为了让孩子直面生活的不公，让他们明白“公平”是人们的一种理想，而不公平却是客观存在的，然而我们可以努力不使自己因此而陷入惰性，并可以用自己的智慧进行积极斗争。首先争取从精神上不为这种现象所压垮，然后确定自己的切实目标，着手为实现这一目标采取具体步骤，不必顾忌不公平的现象，也无需考虑其他人的行为和思想。因为既然我们在力所能及的范围内不能改变的，只能适应它，并为改变现状而坚持到底。

**第二招：理智对待不公平现象，引导孩子采取正确的方式去解决力所能及的事情。**

既然知道了生活的不公平本来就是客观存在的，那么是不是说我们应该熟视无睹，冷漠对待呢？不是的，对生活的不公平现象，我们也应该积极地给予回应。

• 遇事要冷静，调整心态，换位思考。我们不能要求社会对每个人都公平，所以不必事事苛求公平，善于调整自己的思维方式，保持平和的心态。

• 用合法手段解决问题，以谋求最大限度的公平。例如，上数学课时，孩子的同学向孩子借尺子，孩子正准备把尺子传过去时，被老师发现，老师当众点名并批评了他。这个时候，父母不要一味针对老师的批评而抱怨老师的不对，而应该鼓励孩子勇敢地向老师说明情况，不要因为此事而影响了孩子的学习心情。

• 同破坏公平的行为做斗争，对受害者伸出援助之手。例如，当孩子的同班同学由于家境贫穷而交不起学费时，父母应该主动提出要孩子对同学伸出援助之手，以打破生活本来的不公平待遇。

**第三招：保持积极向上的心态，相信梦想是可以实现的。**

生活是不公平的，但每个人都有自己的梦想，都可以通过努力实现梦想。让孩子听听迈克尔·杰克逊所说的话，他们会恍然大悟。他说：“我已经厌倦了被人操纵的感觉。这种压迫是真实存在的！他们是撒谎者，历史书也是谎言满布。你必须知道，所有的流行音乐，从爵士到摇滚到hip-hop，然后到舞曲，都是黑人创造的！但这都被逼到了史书的角落里去！你从来没见过一个黑人出现在书的封面上，你只会看到猫王，看到滚石乐队，可谁才是真正的先驱呢？自从我打破唱片纪录开始——我打破了猫王的纪录，我打破了披头士的纪录——然后呢？他们叫我畸形人，同性恋者！他们说我漂白了自己的皮肤，做一切可做的来诋毁我，这些都是阴谋！当我站在镜前时看着自己，我知道，我是个黑人！”但正是这个黑人，用音乐影响了世界，用舞蹈感化了世界，他的歌迷、舞迷遍布全球，超越了种族的堡垒。

## 功课 25

## 学会谦卑，适应环境的本能

在强调个性的现代社会里，父母常常极力希望孩子突出自我，导致有的孩子养成了以自我为中心，毫不隐讳地彰显个性的习惯。然而有个性固然很好，但是过于把自己当回事就会导致锋芒毕露，而其后果，要么就自形惭愧，要么就遭其反效。

### 小故事，大启示

美国一位中学校长每个周末都会到高尔夫球场帮客人擦鞋，每擦一双就收取 5 美元。大家都对他的做法感到诧异，问他为什么当了校长还要做如此卑微的活。于是他讲起了自己的经历。

原来，校长从小家境很贫寒，上小学的时候就到高尔夫球场当球童，帮客人扛杆和擦鞋，在这期间还不忘偷学了打高尔夫球。后来上大学，读研究生，一路都是半工半读，直到博士毕业。

担任校长以后，由于公务繁冗，得到的薪金尽管丰厚但责任重大。由于所处高职，也常常应酬领导，这些领导虽然表面严肃，但他们却是那些故作正经，表里不一的人。校长不由得心生警惕，恐怕自己也变成这样令人讨厌的人。于是他又开始收拾以前擦鞋的工具，每个周六来高尔夫球场擦鞋。这不是为了经济上的收入，而是希望从精神上提醒自己，时时不忘“谦卑”二字。

这位中学校长并没有由于自己的职位而把自己看得太重，而是无时不忘做人要谦虚谨慎的道理。试问当今有多少人能做到这一点？父母也常常因为爱面子而在孩子面前吹嘘自己的“光荣历史”。这样的父母尽管能教出自信十足的孩子，但他们常常缺乏自知之明，这便成了骄傲；另外一些父母则常常把自己孩子的缺点挂在嘴边，因而教出的孩子做事过于谦虚，没有自信，这便成了自卑。骄傲和自卑都是由于没有把握自信的度而造成的，处理好谦卑与自信的关系是一个人适应环境的本能，因为自高自大只会招致失败，谦虚谨慎才有利于自己在竞争中胜出。由此可见，学会谦卑是适应环境的本能。

## 给父母支招

**第一招：帮助孩子理解谦卑的目的，明白怎样的人才是谦卑的人。**

谦虚的目的，并不是使我们觉得自己渺小，而是为了更好地了解自己。因此，做一个谦卑的人并非不需要自信，而是在反思、谨慎基础上的自信。也并非让人凡事都谨小慎微，什么事情也不敢坚持，而是强调人要有一种审谨的节制，节制人的狂妄、自大。

就拿学数学来说，最初，我们只需要掌握自然数的加减乘除。后来上了中学才知道，原来数还分正数和负数，有理数和无理数。上了大学又接触到深奥的微积分。更多的我们说不上来，因为我们不是数学家。

如果学习美术，那么就会接触到素描、水墨画、油画等等。画派按照不同风格分为写实派、印象派。更多的我们说不上来，因为我们不是美术家。

如果学习音乐，那么就会接触到民族音乐、通俗音乐，爵士乐、摇滚乐等等。乐曲按照乐器的不同又可分为管弦乐、打击乐。更多的我们说不上来，因为我们不是音乐家。

……

既然有这么多的不知道或一知半解，我们又凭什么来显示我们值得自高自大的一面呢？因此，父母首先理解怎样的人才是谦卑的人，才能更好地引导孩子做个谦卑的人，一个谦卑的人具有以下的素质：

- 能够严于律己，诚以待人。
- 能够了解自己所需，也能站在别人的角度了解他人所需。
- 能够在充满诱惑的社会里保持自我本色，不会随波逐流。
- 具有耐心聆听与不断学习的意识。
- 具有较强的自我内在价值感，并且忠于这份情感。
- 遇事能保持平和的心态，不浮躁。
- 能够不断为自己追求新境界、新目标，并愿意付诸行动。

**第二招：引导孩子正确处理自信与谦卑的关系。**

谦虚是一种美德，但真正能做到谦虚却不容易，这是因为自信与谦卑之间的度很难拿捏。正确处好自信与谦卑的关系应做到：

- 不要自视清高。天外有天，人上有人，淡泊明志，宁静致远。当别人夸自己的孩子聪明时，不要过于为孩子骄傲，而应该时刻告诫孩子自信和骄傲均来自于务实；而当别人觉得自己的孩子不够聪明的时候，父母一定要认为自己的孩子是聪明的，这样才不至于让孩子觉得自卑。

- 不要盲目承诺。盲目承诺要么是不切实际的表现，要么是逃避现实的表现。

- 不要轻易求人。轻易求人是不自信的表现，应该做到：把自己当别人，以减少痛苦、平淡狂喜；把别人当自己，以同情不幸，理解需要；把别人当别人，以尊重独立性，不侵犯他人；把自己当自己，以珍惜自己，快乐地生活。

- 不要强加于人。把别人不愿意做的事情强加于人其实只是显示自己高高在上的另一种方式。

- 不要取笑别人。取笑别人也是过度自信的表现，只会损害他人的人格，快乐一时，伤害一生。

●不要乱发脾气。发脾气一来伤身，二来伤感情，还是太把自己当回事的表现。

●不要小看仪表。仪表是一种心情，大方得体的仪表是谦卑与自信共同的特征。

●不要封闭自己。封闭自己不仅不是谦虚，反而是另一个极端——自卑。

**第三招：教育孩子谦虚地对待赞美。**

●却让法——分功他人。谦虚并不意味着不肯定成绩，而是对成绩本身有一个正确的估价，对成绩有一个清醒的认识，尤其不要忽视他人的作用及机遇等因素。在日常工作和生活中，这种归功他人的谦虚法，人们往往用得比较多，效果也比较好。

●侧重法——强调努力。有时候，为了说明自己取得某些成就或者胜任某项工作，谦虚者所强调的往往是努力因素，因为这类因素较易于为人们所效仿，具有更大的启发意义和学习价值。

●对比法——找出不足。与自满相反，谦虚的特点是朝前看、朝上看，在广泛对比中关注的是他人的长处、强者的水平、未来的需要，因而总能找到自己的不足，在成绩面前不骄不躁，保持永不满足的进取心。

●冲淡法——幽默调侃。有时候，他人的称赞恰如其分，若否定则有悖于事实，若肯定则有沾沾自喜之嫌，不妨采用自嘲、夸张、巧辩等形式的讥笑，将对方的称赞加以冲淡，化解或变换。

## 功课 26

## 做好充分准备，自信的前提

在孩子说“我不敢”“我不会”“我害怕”的时候，父母很容易就知道孩子是因为没有自信，于是他们没有分析内在原因就开始盲目地鼓励孩子：“孩子你很棒，不用怕！”“你一定行的！”可是父母忽视了的是，当孩子对事情没有把握的时候，其实是因为他们没有做好充分的准备。

### 小故事，大启示

小泽征尔是世界著名的音乐指挥家。他出生在战争时期，家里生活很困难，但是他自从爱上了音乐以后，就开始刻苦学习。1955 年小泽征尔已是一位颇具才华的青年指挥家了，但是拥有更高志向的小泽征尔并没有满足已经取得的成绩，于是他不断为自己创造深造的机会。

有一次他去欧洲参加指挥家的大赛，在进入了决赛阶段，他被安排在最后展示。评委交给他一张乐谱，小泽征尔稍做准备就开始全神贯注地指挥起来。突然，他发现乐曲中出现了不和谐的节律。一开始他还以为是演奏错了，于是就指挥乐队停下来，思考一下再重奏。可是再次演奏的时候他仍然觉得不自然。这样重复了三次以后，他越发觉得是乐谱存在问题，于是他大胆地向在场的作曲家和评委会提出了异议，可是在场的权威人士都声明乐谱不会有问题，一定是小泽征尔的错觉。

面对世界几百名国际音乐界的权威，小泽征尔不免对自己的判断产生动摇。但是，他考虑再三，坚信自己的判断是正确的。于是，他坚定地说："不，一定是乐谱错了！"他的声音刚落，评判席上那些评委们立即站立起来，向他报以热烈的掌声，祝贺他大赛夺魁。

原来这是评委们精心设计的一个圈套，以试探指挥家们在发现错误而权威人士不承认的情况下，是否能够坚持自己的判断。因为只有具备这种自信地挑战权威素质的人才能真正称得上是世界一流的音乐指挥家。

小泽征尔为什么如此坚定地相信自己的判断？那就是因为他在此之前做了长期而充分的准备。如果他没有之前反复的练习，没有之前对乐理的深刻理解，他一定不会确信在如此大的比赛场合还会出现乐谱错误的情况。自信不是凭空产生的，如果小泽征尔从来没有认真学习指挥，怎么可能祈求他能坚持自己的判断？自信是需要充分的证据来证明自己，所以说，充分的准备才是获得自信的前提。

## 给父母支招

**第一招：从小事做起，让孩子每天都为将来做准备。**

信心并不是一朝一夕就能形成的，而是需要日积月累。孩子的自信心来源于日常生活中点滴小事的积累，而他们将来的成功也来源于生活经历的积累，从来不会有哪一件事的成功不会联系到之前的生活积累。从小事做起就是为孩子将来的成功积累经验，因此父母应该相信孩子并有意识地让孩子承担一些责任。有些父母常因孩子年龄小而替他们做很多事情，并包办孩子日常生活的一切，这样削弱了孩子的责任感，凡事依靠父母，久而久之便难以建立起自信。所以，吃饭、穿衣、系鞋带、收拾玩具和书包、整理自己的床铺这些事情都应该有意识地让孩子自己做。还有，对于家庭的节假日活动计划、经济开支计划、装潢布置等都可以让孩子参与进去。让孩子做各种各样力所能及的事情并要求他们完成好，不仅是为他们将来的生活做准备，而且还可使孩子从中获得自信，确信“我能做好”、“我有能力”。

**第二招：不打无准备之仗，帮助孩子打好每一仗。**

孩子在一生中会面临各种各样的挑战，如考试、比赛、演讲等。在每一次挑战之前，父母应该与孩子一起“备战”。以考试为例，父母首先要和孩子一起研究并详实地把握考试的方向，分析孩子已有的基础，弱点是什么。在准备复习的时候就要分清主次，在巩固基本知识的基础上，重点攻克弱点。在准备考试的过程中，父母应该全程参与。在每一次的挑战中让孩子积累自信，才能使他们在以后自己面对的挑战时，能够知道做好准备才有成功的可能。

**第三招：做好打“长久战”的计划，帮助孩子自己树立自信。**

孩子的人生需要经历长久的奋斗过程才逐步迈向成功，而生活是个系统性工程，如果孩子由于哪一部分没做好准备而对自己的能力产生动摇，往往会推此及彼，导致什么事都显得信心不足。所以，父母应该把目光放长远，与孩子一起做好以下六个方面的准备：

- 与孩子一起探讨切合实际的理想目标和规划。
- 活到老，学到老。要适应知识经济的时代竞争，除了学习，孩子别无选择。
- 先学做人，再学做事。锻炼孩子与各个不同年龄段的人，不同职位阶层的人的交往能力；分清社会上的好与坏，黑与白；学会在这种环境下保护好自己，尽量让自己在这混杂的环境中保持自己人性的本色。
- 建立良好的人际关系。处理人际关系的诀窍在于有开放的人格，能真正地去欣赏他人和尊重他人。
- 增进个人魅力。在今天的社会里，一个人能受到别人的欢迎、容纳，实际上就具备了一定的人格魅力。

● 不忘娱乐。在玩耍的过程中，与有着不同生活经历、不同性格、不同情趣爱好的伙伴多交流、多探讨，对完美孩子的人格，丰富孩子的阅历，拓展孩子的知识面有着极大的好处。

## 功课27

## 享受孤寂，一鸣惊人的前奏

无处不在的狂乱激烈的电影、摇滚乐、电脑游戏等，使孩子的生活变得越来越喧嚣与缤纷，由此而带来的酒精、毒品、暴力等的不良影响，无时不侵扰着我们极力要保护的孩子的心灵。怎样才能让孩子在这种环境中保持心灵的平静？怎样才能让孩子摆脱不良诱惑从而鹤立鸡群？

### 小故事，大启示

万斯同是清初著名学者、史学家，他参与编撰了我国的重要史书《二十四史》。万斯同8岁就能在客人面前背诵《扬子法言》，而且全篇一字不落。到14、15岁，他已读遍了家里的藏书，后来又博览了“天一阁”的所有藏书。大量的阅读使万斯同学识渊博，通晓各种史料，并且通过接触各种知识，万斯同找到了自己的爱好，那就是研究历史。

万斯同能够静心读这么多的书籍，难道是因为他从小就是个性格内向的人？其实万斯同小时候也是一个顽皮的孩子，他还因此受到了严重的惩罚。有一次，万斯同家里来了很多宾客，由于贪玩，他遭到了宾客的批评。万斯同觉得不服气，一气之下掀翻了宾客的桌子。父亲觉得孩子在宾客面前丢了面子，恼怒之下就把万斯同关到了书房里。万斯同一开始在书房里生气，也不明白父亲的良苦用心。由于书房里也没什么好玩的，万斯同只好翻书来看，以此打发时间。慢慢地，他的心情开始平静下来，并从《茶经》中受到启发，开始用心读书。

万斯同就这样被父亲关在书房一年多，他在书房也读了很多书，并且养成了自觉读书的习惯，父亲也原谅了儿子。万斯同经过长期的勤学苦读，终于成为一位通晓历史、遍览群书的著名学者。

万斯同被关在书房，抛开杂念，静心研读，才成就了他惊人的记忆和渊博的知识。万斯同从生气到平静，再到闭门思过，最后一鸣惊人，试问现在的孩子又有多少能够耐得住这种寂寞？看来，万斯同的父亲能够认识到孤寂也能成就一个人的道理，这对于现在大多数的父母来说是很难理解的。因为，在很多父母心中，孤寂总是与情感饥饿、孤僻、不善交往、沉默寡言等联系在一起。其实，这是一种偏见。能够享受孤寂，并在此过程中领悟人生也是一种能力。适当的独处，是一种让孩子自主独立、有益于促进孩子身心健康的行为方式。所以，要想孩子一鸣惊人，先让他们学会享受孤寂吧！

## 给父母支招

有一门心理学的课程叫做“SOLO”，就是让人在一个安静的环境中独处，隔离与他人的交流和相处。结果发现，接受过“SOLO”课程的人思维会变得更加清晰、敏锐，为人处世更具独立性和自主性。让孩子在孤寂的空间和时间中获得全身心的放松，对于培养孩子冷静、稳重的性格以及独立性、创造性，具有积极的意义。一个善于忍受寂寞的孩子，往往善于调节情绪，善于观察，善于思考。所以，父母不但要抽出时间与孩子相处，也要适当教孩子体验孤寂的魅力。

**第一招：适当减少跟孩子亲密无间的时间。**

有些父母特别喜欢粘着孩子，以为这样可以给予孩子充分的关注和陪伴。他们不管在吃饭、睡觉、玩耍还是学习的时候都守着孩子，一见到孩子遇到困难便马上伸出“援助的双手”。在这种环境下长大的孩子往往害怕孤寂，一旦离开大人的陪护，就会产生孤独感和恐慌感；一旦感到孤独就会借打电话、发短信、玩网游等方式来打发时间。这样往往浪费了时间，一事无成。

• 父母希望独处时，可以教孩子做同样的事。例如，可以带孩子去郊外旅行或是露营远离都市的尘嚣，让他们认真地看炫丽的夕阳美景。

• 教孩子如何一个人在家度过安静的下午。让他们习惯于每个星期抽出一天，远离那些伙伴的影响，远离诱人的电子时代；找一些好书，让他们通过阅读净化心灵；教孩子做一些思考性的静坐运动，让他们养成检视自我的习惯，聆听内在的声音。

**第二招：适当给孩子制造一些孤寂的环境。**

美国一位心理学家通过研究发现，孩子需要有时间来实践自己想出来的意念。他们喜欢一个人玩“扮家家”的游戏，或者独自呆在房间里扮演某个童话故事中的角色，或坐在小板凳上幻想自己是坐在飞机上，或开动脑筋想办法把手中的白纸折成小船，这不仅是他们开始学习摆脱孤寂的方式，还有可能提高他们的创造力。所以，父母不妨适当给孩子制造一些孤寂的环境。

**第三招：给孩子营造独处时的安全感。**

孩子害怕孤寂的气氛或环境往往是因为缺乏安全感。安全感是一种自我的、积极的情感元素，只能在孩子内心慢慢地形成。发生这种情况，父母可以在让孩子独处前先陪陪孩子，亲吻孩子，抚摸孩子，并告诉孩子父母为什么要离开一段时间，要离开多久，让孩子感觉父母浓浓的爱意。父母离开一段时间后，要按时回来，孩子会因为父母的出现而感到开心。这样尝试的次数多了，孩子也就习惯了独处。

**第四招：通过游戏培养孩子享受孤寂的乐趣。**

• 木头人游戏。把孩子带到一个安静的环境，要求孩子放松身体，保持自己的头和四肢不动。在这个游戏中，父母可和孩子一起做，互相监督，看谁先动。先动的给点小小的惩罚，如刮下鼻子，孩子会觉得很开心。通过这种安静游戏，可以让孩子学会通过自己的意志来控制躯体，通过身体的静止来达到心灵的安静。

• 捉迷藏的游戏。父母一开始可以躲在沙发或椅子后面，问孩子："我在哪里?" 过几秒钟，笑着钻出头，说："我在这里!" 慢慢地，可以逐渐延长躲藏的时间，从几秒钟到半分钟，再到 2 分钟，也可以躲到别的房间。

## 功课 28

## 接受屈辱，成功的动力

每个孩子都不可避免地有面对屈辱的经验，例如，想借给同学橡皮却被老师误会为“开小差”，被当着全班同学的面惩罚；长大了要参加应聘面试，尽管能力不错，却因为身高问题而被拒绝；刚进入公司上班，作为新人，除了要完成自己的工作，还要帮老职员打杂……屈辱似乎成为我们见惯不怪的事情。面对这些屈辱，如果处理不好，就有可能会在阴影里无法自拔；如果适当处理，还会有可能把屈辱变成动力。

### 小故事，大启示

韩信在小时候就梦想将来成为一名领兵打仗的将军，可是由于父母很早就去世了，家境贫寒，只好靠钓鱼换钱维持生活。但是韩信依然常常连饭都吃不上，经常要到别人家里混饭吃。他衣衫褴褛，经常受一位漂洗丝棉的老妇人的周济，屡屡遭到周围人的取笑：“韩信，你文不像文，武不像武，穷不像穷，富不像富，还成天背着把宝剑，像个啥样子？你还是把那宝剑摘下来吧！”尽管常常遭到讥笑和歧视，但是韩信也不与他们计较，坚持读书和练武。

有一天，一群恶少当众羞辱韩信，其中有一个屠夫的儿子，他是个无赖，对韩信说：“你虽然长得又高又大，喜欢带刀配剑，其实你胆子小得很。有本事的话，你敢用你的配剑来刺我吗？如果不敢，就从我的裤裆下钻过去。”说完，他就在大街上撑开双腿。韩信打量了一下这个无赖，当着许多围观的人的面，从他的裤裆下钻了过去。所有围观的人都大笑起来，韩信也自嘲地笑了笑，走开了。从此，大家给韩信起了个外号，叫"钻裤裆的"。

韩信对于众人的羞辱竟能大方地接受，难道他是个没有骨气的人吗？其实，韩信完全有能力杀了那个无赖，只是他考虑到，杀人要偿命，那样，自己的理想就泡汤了。这就是"胯下之辱"的典故，意思是说：忍受眼前的屈辱，是为了将来成就伟大的事业。很多人总是很爱面子，一旦被人取笑了就把别人当成仇敌，其实在这同时也在自己的心头上放了块重石。有一位智者说："无论怎样学习，都不如他在受到屈辱时学得迅速、深刻、持久。"是的，屈辱使人学会冷静、学会思考。能够接受屈辱，便能在崎岖的人生之路成就一番事业；接受屈辱，是成功的动力之一。

## 给父母支招

**第一招：教导孩子避免屈辱所带来的直接创伤。**

小人之所以是小人，是因为他们可以不讲道德，不择手段。面对屈辱，父母首先要教导孩子保护好自己，万不可一味硬来。

• 沉着冷静，不慌不怒。孩子往往缺乏自控力，遇到不公平待遇容易冲动，甚至会采用暴力行为来解决问题，从而酿成大错。父母在孩子受到屈辱时，不可过于大惊小怪，应该保持冷静，并安抚孩子，让他们情绪平静下来再做行动。

• 审时度势，迂回取胜。这就需要父母与孩子一起多动脑筋，用智慧、巧妙的方式方法来抗衡。只有保护好自己，使自己的心理、身体都不受到伤害，才有可能看到光明的时候。

• 学会自我解嘲。当孩子遭受羞辱时，不妨采用阿 Q 的精神胜利法，比如“吃亏是福”、“破财免灾”、“有失有得”等等来调节当时失衡的心理，或者用“难得糊涂”，冷静看待挫折的方法调整心态。

**第二招：淡化屈辱所带来的伤害。**

如果孩子受到了屈辱，无法改变已成的事实，只能通过孩子自己的心态去改变屈辱所带来的负面影响。

- 勇敢面对，承认屈辱所带来的伤害。面对屈辱，采用逃避的方式来对待并不明智，因为可能下一次还会遇到同样的情况，这样容易形成孩子屈服的性格。忍受屈辱并不代表凡事要屈服，而是应该总结经验，以免再次踏入同样的陷阱和险境。

- 学会宣泄，摆脱压力。面对屈辱，心态要坦荡一些，把事情往更远的方向看。不同性格的孩子所采用的宣泄的方法都有所不同，父母要引导孩子用比较温和的方式来宣泄，如用一个鄙视的笑脸为自己解嘲，用一句刻薄的话语使对方难堪，这些都是发泄怨恨的方式。

**第三招：把屈辱变成成功的动力。**

受到屈辱本来是件坏事，但是如果我们从中思考和反省，也能把屈辱变成一件好事。屈辱是一种精神上的压迫，它像一根鞭子，鞭策自己鼓足勇气，奋然前行。

- 增强孩子的自信心，提高孩子的勇气。

- 寻找原因，理清思路。当孩子受挫时，先让他们静下心来把可能产生的原因寻找出来，再寻求解决问题的方法。

- 让孩子再接再厉，锲而不舍。当孩子遇到屈辱时，不要轻易改变自己的方向，而要勇往直前，加倍努力。

- 情绪转移，寻求升华。可以通过孩子喜爱的集邮、写作、书法、美术、音乐、舞蹈、体育锻炼等方式，使情绪得以调适，情感得以升华。

## 功课29

## 学会微笑，生活更精彩

如果孩子一遇到不顺心的事情就开始愁眉苦脸，一遇到幸运的事情就兴奋过度，其中表现出的情绪大起大落很可能体现一种不健康的生活态度。正如一个富翁可能整天忧心忡忡，而一个穷人可能心情舒畅；一个健康的人可能因为不够美丽而满面愁容，而一位残疾人可能坦然乐观；一位处境顺利的人可能会愁眉不展，而一位身处逆境的人也可能会面带微笑……那些懂得微笑着去生活的人，过得更加轻松愉快，也会使生活变得更精彩。

### 小故事，大启示

自从两年前安琪在电视上看到“复活节盛典”这个节目后，她一直就想演天使这个角色，因为大多数女孩在童年时就有当天使的梦想。

两年前安琪就开始参加天使角色的面试了，可是每一年都在第一轮就被淘汰了。面试的时候，一位舞蹈教练会教给面试者一段舞蹈，然后让他们模仿。安琪不擅长跳舞，面试时显得笨手笨脚的，所以连续两年都没能晋级到第二轮。

今年，安琪准备放弃这一面试了，但是一位连续两年成功入选为天使的朋友给了她一些建议：“面试的诀窍就是微笑，同时看着评委的眼睛。不管你的舞蹈有多么糟糕，他们是不会注意到你的舞步的！”安琪虽然将信将疑，但是她决定再参加一次面试。

轮到安琪上场时，当她拿不准舞步时微笑一下，当她的胳膊没有流畅地伸展时微笑一下，当她转错方向时仍然微笑。尽管微笑并没有把安琪变成一个优秀的舞者，但是它使安琪不再担心自己的表演是否完美，而是完全沉浸在天使的感觉中，使安琪的面试过程更加愉快。面试结束后，当教练宣布安琪可以成为这一次的“天使”时，安琪为自己感到无限的自豪，她知道，这是微笑的魔力。

加利福尼亚巨大的水晶教堂已经为复活节装饰一新，2400 人安静地坐在下面。安琪站在教堂的室内露台上，看着技术人员给她带上一件护具。再过一会儿，她就将被一根绳子从天花板上吊起，作为飞翔的天使参加“复活节盛典”演出了。演出进行得十分顺利，尽管她也出了几个小错，但是谁会在乎呢？因为安琪用她的微笑征服了全场的观众。

与其他准备了几年的舞者相比，安琪的舞姿是远远不如人的，但是安琪却用她迷人的微笑赢得了教练的认可，也得到了观众的掌声，这就是微笑的无限魅力。学会微笑是自信的表现，反映了一个人的真诚与友善。微笑给人们带来了愉快的心情，愉快的心情又带来了精彩的生活。让孩子学会微笑，会令他们的生活变得更加精彩。

## 给父母支招

**第一招：微笑的基本方法。**

• 第一阶段——放松肌肉。从低音“哆”开始，到高音，每个音大声地、清楚地说三次。不要连续地发音，而是逐一发音，为了正确的发音要注意嘴型。

• 第二阶段——给嘴唇肌肉增加弹性。首先，伸直背部，坐在镜子前面，反复练习最大限度地收缩或伸张嘴部肌肉。张大嘴能感觉到颚骨受刺激的程度，并保持这种状态10秒。然后，闭上张开的嘴，拉紧两侧的嘴角，使嘴唇在水平上紧张起来，并保持10秒。接着，慢慢地聚拢嘴唇，到出现嘴唇卷起聚拢在一起的感觉时，保持10秒。

• 第三阶段——形成微笑。根据微笑的程度练习笑容，其关键是使嘴角上升的程度一致。如果嘴角歪斜，表情就不会太好看。例如，把嘴角两端一齐往上提，稍微露出2颗门牙，形成小微笑；慢慢使肌肉紧张起来，把嘴角两端一齐往上提，露出上门牙6颗左右，眼睛也笑一点，形成普通的微笑；一边拉紧肌肉，使之强烈地紧张起来，一边把嘴角两端一齐往上提，露出10个左右的上门牙，也稍微露出下门牙，形成大微笑。在练习各种笑容的过程中，就会发现最适合自己的微笑。

• 第四阶段——保持微笑。一旦寻找到满意的微笑，就要进行至少维持那个表情30秒中的训练。照着镜子，试着笑出前面所选的微笑。在稍微露出牙龈的程度上，反复练习美丽的微笑。

• 第五阶段——修正微笑。虽然认真地进行了训练，但如果笑容还是不那么完美，就要寻找其他部分是否有问题。但如果能自信地敞开来笑，就可以把缺点转化为优点，不会成为大问题。

• 第六阶段——修饰有魅力的微笑。如果认真练习，就会发现只有自己拥有有魅力的微笑，并能展现那微笑。伸直背部和胸部，用正确的姿势在镜子前面边敞开笑，边修饰自己的微笑。以各种形状尽情地试着笑，在其中挑选最满意的笑容，然后确认能看见多少牙龈，大概能看见2mm以内的牙龈，就很好看。

**第二招：借助工具练习微笑。**

• 拇指法。双手四指轻握，两拇指伸出，呈倒八字形，以食指关节轻贴颧骨附近；两拇指肚向上，放于嘴角两端一厘米处，轻轻向斜上方拉动嘴唇两角；反复多次，观察寻求自己满意的微笑感觉状态。或者，双手上指轻握，两拳手背向外放于唇下方；两拇指伸出，两拇指肚放在唇角处，做斜上方向内轻拉动。反复练习，寻找最满意的位置。

• 食指法。轻握双拳，两食指伸出，呈倒八字形，放于嘴唇两角处，向斜上方轻轻拉动嘴角，并寻找最佳位置。或双手轻握，伸出食指；两拳相靠放于下巴下方，两食指放在嘴角两端，向斜上方轻轻推动。反复推动多次，一直找到满意位置为止。

• 中指法。两中指伸出，其余四指自然收拢、半握；两中指肚放在嘴角两端，轻轻向斜上方拉动。反复多次，寻找自己美丽的微笑感觉。

• 小指法。两小指伸出，其余四指自然收拢、半握；两小指肚放在嘴角两端，轻轻拉动嘴角；反复动作，直到找到满意的微笑状态为止。

• 双指法。双手拇指、食指伸出，其余三指轻轻握拢；用两拇指顶在下巴下面；两食指内侧面放在嘴角处，向斜上方轻轻推动；反复多次，直到满意为止。或双手拇指、食指伸出，其余三指握拢，将两食指按放在两眉上外端，两拇指放在嘴角处，向斜上方轻缓拉动。反复多次，直到满意后，定格。

• 镜子和筷子法。对着镜子，咬住一根筷子，露出上排牙齿，引导孩子用双手按住两颊肌肉，调整嘴角上扬的角度，直到孩子自己认为是最好的位置为止。然后把筷子拿掉，这就是孩子最理想的微笑表情。让孩子看着镜子，记住这个表情。

**第三招：提升微笑魅力的技巧。**

• 微笑要与眼睛相结合。眼睛会说话，也会笑。取一张厚纸，遮住眼睛下边的部位，对着镜子，然后想象最使自己开心的情景。这样，整个面部就会露出自然的微笑，这时眼睛周围的肌肉也在微笑的状态，这就是“眼形笑”。放松面部肌肉，嘴唇也恢复原样，可目光中仍然含笑脉脉，这就是“眼神笑”的境界。学会用眼神与别人交流，这样微笑才会更传神、更亲切。

• 微笑要与语言相结合。微笑着说“早上好”“您好”等礼貌用语，会使别人觉得这招呼更真诚，更贴心。

• 微笑要与身体语言相结合。向别人微笑的时候要用优雅的体态来配合，才会相得益彰，更增添了微笑的魅力。

# 功课30

## 多听少说，一种高雅的素养

现在的孩子常常有以自我为中心的习惯，所以他们往往急于表达自己的想法，只顾一味地倾诉，一点也没有注意到对方早已显得极不耐烦，转头去看周围的风景，或者摆弄自己的衣角。这个习惯如果带到社会上去，会让人感觉缺乏亲和力，缺乏一种高雅的素养。

### 小故事，大启示

小陈凭借自己的实力，短短半年时间就被破格提升为公司的高级管理人员。在就职的当天，董事长召见了小陈。

董事长在办公室给小陈讲了个故事："在一个仓库里，几个人把一块手表掉了，大家竭力寻找，却怎么也找不到，后来……"

小陈没想到这是个老掉牙的故事，所以忍不住就插言道："后来一个小孩趁这几个人休息的时候来到仓库，趴在地上，找到了那个手表，因为他用耳朵听到了手表滴滴答答的声音。"

"很好，看来你听过这个故事，但是你明白这个故事吗?"

"当然知道，就是要我们学会倾听，倾听可以发现许多意想不到的事情!"

"没错，你明白这个道理，但是，孩子，你刚才为什么不认真倾听完我的话呢？虽然自信是商人成功的标志，但是自信和自负是不同的。你现在是公司的高级管理人员，如果你不去倾听职员的话，你将会和市场脱节！”

小陈从这件事得到了深刻的教训，他知道，一个人具备自信的同时，更需要多听少说这样一种素养。

董事长的故事说明了学会倾听的重要性，小陈也从自己的错误中得到了教训。上帝给人们两只耳朵，一张嘴，其实就是要我们多听少说。多听少说，善于倾听别人讲话是一种高雅的素养。因为认真倾听别人讲话，表现了对说话者的尊重，人们也往往会把忠实的听众视作可以信赖的知己。所以说，多听少说除了是一种基本的交际技巧之外，更重要是一种高雅的素养。

## 给父母支招

有人作过详细的研究：在人类的各种交际和生活中，一般人花在听、说、读、写的时间所占的比例大约是：听占40%，说占35%，读占16%，写占9%。可见，在日常生活中，我们利用听的活动来获取信息的机会比其他都要多。听力正常的人都能听，但能听的人不一定会听。会听，不仅要察言，而且要观色，既要充分注意说话者，又要主动分担交往的责任。而多听少说并不要求孩子只“听”，而不做任何回应。把握好“听”与“说”的关系，是需要很多技巧的。

**第一招：创设条件，营造融洽的氛围。**

倾听的条件主要有三个：

• 要有良好的心态。要真正从内心尊重对方。特别是与年长者说话时，一定要以钦佩的心态倾听。聆听时，要面向说话者，与他保持目光接触，用自己的姿态和手势表示自己在听。

• 要保持最佳距离。不论是坐着还是站着，都要与说话者保持适当的距离，一般以1.5米到2米之间为宜。

●要主动配合。要主动履行自己在交际中的责任，及时回应或询问自己没有听清的问题。如果对方说的观点与自己不一致，那么，最好不要直通通地表示反对，而要用商量的口吻提出疑问，比如：是这样吗？我一直以为不是这样的，为什么会是这样？你会不会记错？等。

**第二招：以视助听，领悟话语的深意。**

听，不是简单而机械地接受，听的过程还是一个仔细观察和认真思考的过程，不仅要及时捕捉对方传达的信息，而且还要努力理解对方言语中深藏着的含义，听出对方在言语中渗透着的情感。因此，听话时，还要注意说话者的非语言成分，如面部表情、眼神、手势、语调、语速以及与自己保持的距离等，力争听话听音，发现对方的言外之意，以便胸有成竹，及时跟上对方的思路。一旦对方话语中有新颖独到的观点和生动的材料，不妨紧紧地注视他，不断地点头赞赏。当对方发现听话者深情地注视着他，敏锐地捕捉着他说的每一句话，他就会更加乐意交谈，就会努力把自己最好的思想说出来，共同分享。总的来说，就是要做到：

●聆听别人讲话时，要做到“五心”。一要专心，要听清发言人说的每一句话，脑子里不想其他事；二要耐心，不随便插嘴，要听完别人的话，才发表自己的意见；三要细心，当别人的发言有错时，要求孩子学会评价别人的发言，做到不重复他人的意见，自己的意见要建立在他人发言的基础上，或者提出新颖的想法；四要虚心，当别人提出与自己不同的意见时，要能虚心接受，边听边修正自己的观点；五要用心，在听取他人意见时不能盲从，要有选择地接受，做到“说”“听”“思”并重，相互促进。

●聆听别人讲话，必须做到耳到、眼到、心到。具体要从以下五个方面着手：第一，注视说话者，保持目光接触，不要东张西望；第二，单独听对方讲话，身子稍稍前倾；第三，面部保持自然的微笑，表情随对方谈话内容有相应的变化，恰如其分地频频点头；第四，不要中途打断对方，让他把话说完；第五，适时而恰当地提出问题，配合对方的语气表述自己的意见。

**第三招：体态配合，显示自己的诚恳。**

在听的过程中，倾听者如果能借助得体的体态语言，主动而及时做出反应，就能及时表达对说话人的信任，这对说话者是极大的鼓舞。如对对方的话表示欣赏和赞同，就可不时地点头微笑，或者跷起拇指，显示自己的诚恳，表示很感兴趣；对方讲到激愤之处，应表示凝重和理解的表情；如果想让对方继续说下去，进行更明确、更深层的交谈，那就可以把椅子移近些，再缩短一点空间距离，或将身体向前倾，也可以给他倒茶水，鼓励对方继续说下去。当然，运用这些表情语言，一定要得体，不要夸张，否则，会让对方觉得倾听者在矫揉造作。

**第四招：适时插话，调动对方的情绪。**

听者应该以认真地聆听为主，以适时地插话为辅。插话的频率要适度，内容要有所选择。插话的内容大致有这样几个方面：

- 对对方所说的话表示赞赏和认可，如："对!""有道理!""这观点我同意。"
- 对自己没听清的话进行询问，如："你刚才说什么呀?""你的意思是不是……?""刚才这话我没听清，你是不是再重复一遍?"。
- 帮助续接。有时，对方说着说着，突然语言卡壳，或一下子找不到合适的词了，此时，你就可以帮他接下话尾。
- 启发引导，如："后来怎么样?""能举个例子吗?""这有什么依据吗?"等。插话时要特别注意三点：一是不要随便打断对方的话；二是要以商量的口气；三是句子形式要灵活。

**第五招：联系背景，增强感情的交流。**

结合背景，一方面能加深自己对话语的理解，有利于及时应对和交流，另一方面也能增强感情的交流。如果孩子在应对时能把对方的背景紧密结合起来，经常点出对方自己没有说出的意思，他就会像遇到知音一样，非常高兴，谈话就会越来越投机。

为了更好地听出对方说话的意思，听时，还可以结合说话人的背景。说话人的背景，主要包括：一是对方为什么要说，亦即目的是什么；二是他的经历如何，他的这种观点和想法与他的经历有没有关系；三是他现在的身份是什么，他的话与自己所处的身份是否密切相关；四是自己与他的熟悉程度、亲密程度如何等。

**第六招：发展孩子倾听能力的训练方法。**

• 听问训练。要求孩子学会倾听问题和要求。比如在回答父母的问题时，首先要听清楚父母问的是什么。

• 听写训练。先让孩子听正常速度的词语，不宜随意减慢语速，随后重复一遍，可以适当停顿；最后再以较快的速度重复一遍，让孩子自己检查修正。

• 听后复述训练。比如在给孩子讲故事时，讲之前向他提出要求，必须在听过若干遍之后，由他复述一遍，再讲给父母听，并鼓励他在最短时间内能完整复述整个故事。

• “按指令行事”法发展孩子倾听能力。好动是身心发展的一个阶段，为此可以用按指令行事的方法来发展孩子的倾听能力。如：要求孩子听指令做相应的动作；在日常生活中交给一些任务，让孩子完成，以锻炼孩子对语言的理解能力；结合培养注意力，让孩子根据某种音乐或节奏等，一边看着大人的手势，来完成某些动作或相应的行为等。

• 利用“听辨错误法”来发展孩子的倾听能力。常发现有的孩子听说一件事时，只听到其中的一点儿就听不下去了，这就说明倾听的质量不高，听得不仔细，不专心和不认真。因此，应有目的地让孩子在日常生活中，去判断语言的对错，吸引孩子注意倾听，并加以改正。如，“玉米棒结在地下，葡萄结在树上”等让孩子倾听后，挑出毛病并纠正。

• 利用“传话法”发展孩子倾听能力。“说”可以印证孩子是否仔细倾听，只有让孩子把听到的内容说出来，父母才知道孩子的倾听能力是否得到发展。可以让孩子听一段话或一个故事，要求孩子认真、仔细听完后回答问题。如：小蚂蚁想去哪里，汽车上坐着谁，等等。传话法可训练孩子记忆力和倾听力，例如，可以让爸爸每天告诉孩子一句话，再请孩子告诉妈妈，这样就可以逐渐培养孩子仔细倾听的能力。

## 功课31

## 喜怒不形于色，展现个人魅力

现在大部分孩子都是独生子女，他们是父母关注的中心，一旦得不到别人的关注，便开始采用一些极端的方式引人注意。例如，孩子喜欢幼儿园里某个老师，见到老师后，会吊着老师的脖子，满嘴都是甜言蜜语；孩子讨厌某个小朋友，那痛恨的表情，像刀子一样刻在脸上。夸张的反应方式容易被人误解他的真意，惹来麻烦。

### 小故事，大启示

有个脾气很坏的小男孩，动不动就发脾气，令家里人很伤脑筋。

一天，爸爸给了他一包钉子和一只锤子，告诉他，每次发脾气或者跟人吵架的时候，就在院子后面的栅栏上钉上一颗钉子。

第一天，小男孩在栅栏上钉了37颗钉子。但随着时间的推移，小男孩每次在栅栏上钉的钉子变得越来越少了。他发现，控制自己的脾气实际上比往栅栏上钉钉子要容易得多。

一段时间之后，小男孩变得不那么爱发脾气了，所以栅栏上也没有再添上新的钉子。他高兴地把这件事告诉了爸爸。

爸爸说："从今以后，如果你一天都没有发脾气，就可以在这天拔掉一颗钉子。"又过了一段时间，小男孩终于把栅栏上所有的钉子都拔光了。

这时候，爸爸带小男孩来到栅栏边上，对他说："儿子，你做得很好。可是你看看那些钉子在栅栏上留下的那些小孔，栅栏再也不会是原来的样子了。当你向别人发过脾气之后，你的言语就像这些钉子孔一样，会在人们的心灵中留下疤痕。你这样做就好比用刀子刺向别人的身体，然后再拔出来。无论你说多少次‘对不起’，那伤口都会永远存在。要知道，身体上的伤口和心灵上的伤口一样都难以恢复。你的朋友是你宝贵的财产，他们让你开怀，让你更勇敢。他们总是随时倾听你的忧伤。你需要他们的时候，他们会支持你，向你敞开心扉。”

不良的情绪不仅会让你身边的人无所适从，受到伤害，也会让自己受到伤害。就像小男孩再怎么努力拔去那些钉子，栅栏也不可能回到原来的样子一样。如果一个人常常把喜怒哀乐挂在脸上，只会给人一种不成熟的感觉，也缺少一种个人魅力。遇事过于沮丧会丧失自信心，过于兴奋也常常会被喜悦冲昏了脑袋。只有那些遇事能够用理智的思维去思考和看待周围的一切，不急于表态，不把喜怒挂在脸上的人，才达到了做人的一种较高境界。所以，喜怒不形于色，可以展现个人魅力。

## 给父母支招

**第一招：让孩子的情绪异地发泄，并且允许他们有充分表达情绪的权利。**

当孩子将要生气或者盛怒时，不妨让他们赶快跑到其他地方，干一些体力活，或者干脆跑一圈，这样就把因盛怒激发出来的能量释放出来，气恼心情随之平静下来，怒气也会消失掉大半；在孩子过度痛苦和悲伤时，不妨让他们找个地方大哭一场；当孩子特别兴奋和喜悦的时候，要告诫他们别在失败者面前炫耀自己成功的喜悦，不妨回到家里与家人一起分享。

另外，孩子难免会有表达情绪的时候，尽管要求他们不要在众人面前发泄出来，但是一定要允许他们在合理的范围内充分表达情绪。例如，因为考试失败了，心里很难过，回家可以好好哭一场，之后重新振作。但是如果发生对自己和他人都不利的情绪过激现象，例如，孩子因发脾气与别的孩子争吵打架，可能伤着自己和对方，冲着长辈和老师发脾气，或者脾气上来碰头捶胸、摔砸物品等，都是不合情合理的。遇到这些情况时，父母不应视而不见，而要采取一致意见进行严厉制止，让孩子知道发泄情绪也应有一定的界限，自己发泄情绪不应损害别人的利益和损害物品。

**第二招：教孩子学会更多表达和控制情绪的方式。**

很多忧愁、惊恐、愤怒等不良情绪产生于对事物的错误认识。对于这类不良情绪，只要冷静地、理智地分析一下自己对事物的认识是否正确，是否确实可忧、可惧、可怒，分析明白了，不良情绪也就不解自消了。此外，父母还可以和孩子一起玩深呼吸的游戏、绘画、运动、唱歌，以此来消解那些不良情绪。

当孩子长大一些的时候，父母可以让他们学会用语言表达自己的感受，告诉他们遇到问题时要讲道理，说缘由，而不要动不动就乱闹、发脾气。教会孩子理智对待事情是让他们学会喜怒不形于色的重点。

**第三招：在孩子要表达过激情绪时，教他们转移注意力，学会自我调节。**

在不良情绪袭来之时，尽量做一些转换心情的事情，可以外出游玩，可以“学而忘忧”。根据现代生理学的研究，当一个人遇到不满、生气、恼怒或伤心的事情时，感官会产生出不愉快的信息并不断将其传入大脑。如果此时马上转移心理活动的方向，不断向大脑输送愉快的信息，争取建立愉快信息的优势中心，不良情绪就会在不知不觉中烟消云散。

- 自我鼓励法。父母要引导孩子用生活中的哲理或某些明智的思想来安慰自己，鼓励自己同痛苦和逆境进行斗争。

- 语言暗示法。语言暗示影响着人的心理和行为，在松弛平静、排除杂念、专心致志的情况下，进行自我语言暗示，往往对情绪的好转有明显作用。

- 疏导法。人的心理压抑时，应当有节制地发泄，父母可以引导孩子找朋友，找亲人，把自己的心思倾吐出来。

• 环境调节法。父母在孩子受到不良情绪的压抑时，可以带他们到外面走走，看看美景，散散心，这对于调节人的心理活动有很好的效果。

**第四招：父母参与孩子的情绪控制行为过程，帮孩子从小养成喜怒不形于色的习惯。**

• 加强训练，防止孩子养成任性的习惯。不少父母说自己的独生子女有任性、固执的缺点。孩子这些不良的品质，主要是由于他们在家庭中的特殊地位与父母经常满足孩子的不合理的要求所造成的。所以，对于孩子不合理的情绪表达，父母一定要坚持立场，不要由于孩子的哭闹而心软下来。只要加强训练，方法得当，孩子的任性、固执、好发脾气等不良心理品质是完全可以克服的。

• 防止溺爱。爱孩子是父母的天性，然而爱不等于溺爱。有的父母省吃俭用，一切以孩子为中心，牺牲一切为孩子，反而导致娇纵、溺爱，实在贻害无穷。

• 多让孩子参加集体活动。参加集体活动是孩子形成喜怒不形于色的重要途径，因为如果孩子在集体活动中表现不良，就会受到集体的嫌弃，成为众矢之的。孩子在这样的环境中与人交往，慢慢就可以学会遵循喜怒不形于色的社会游戏规则。

## 功课32

# 乐于遗忘，一种自我升华

每个孩子在他们成长的过程中总会遇到很多忧虑与烦恼：在学校里与同学吵架了；很努力复习却没能考到好成绩；自己的好朋友要转学了；最亲的亲人去世了……人的大脑是很有限的，如果脑袋里装满这些烦恼和痛苦的回忆，就不会有多余的位置来记住生活的精彩了。

### 小故事，大启示

新年要到了，几兄弟回到了家乡。长年在外漂泊的孩子见到爸爸妈妈真是无话不谈。

爸爸妈妈很高兴，问大家在外面工作和生活是否过得顺利。不料，这一句话勾出了大家的满腹抱怨。几兄弟纷纷诉说着生活中的烦恼和痛苦：老大说在外面工作压力很大，天天加班没有加薪，还被老板骂；老二说生活很烦恼，存了这么多年钱都没能够买房子，所以连女朋友都吹了；老三说生意很难做，金融风暴使得公司亏了本；老四说当官很难，上头的吩咐下来，下头的不按规定做，最终挨骂的还是自己。几兄弟说得一个比一个悲惨，好像自己成了时代的弃儿一样。

爸爸笑而不语，从厨房拿出一大堆杯子摆在茶几上。这些杯子各式各样，形态各异，有瓷器的，有玻璃的，有塑料的，有的杯子看起来豪华而高贵，有的则显得普通而简陋……爸爸说：“你们自己渴了就自己倒水渴吧。”几兄弟七嘴八舌地说得很起劲，不一会儿就说得口干舌燥了，于是纷纷拿了自己看中的杯子倒水喝。

等到大家每个人手里都拿了杯子，爸爸发话了。他指着茶几上剩下的塑料杯子说："你们有没有发现，你们手里的杯子都是最好看、最别致的杯子，而像这些塑料杯没有人选中它们。"

老大听了，问道："这有什么奇怪的？谁都希望自己拿着的是一只好看的杯子啊。"

爸爸说："这就是你们烦恼的根源。大家需要的是水，而非杯子，但我们有意无意地会去选择漂亮的杯子。这就如我们的生活——如果生活是水的话，那么，工作、金钱、地位这些东西就是杯子，它们只是我们盛起生活之水的工具。其实，杯子的好坏，并不影响水的质量。如果将心思花在杯子上，大家哪有心情去品尝水的甘甜，这不就是自寻烦恼吗？"

爸爸的话说得很有道理，几兄弟只记住了生活中的烦恼和忧虑，而把更重要的东西——欢笑与快乐忘记了。正如失败伴随着成功，如果一个人的脑子里整天胡思乱想，把没有价值的东西也记存在头脑中，那他总会感到前途渺茫。所以，我们很有必要对头脑中储存的东西，给予及时清理，把该保留的保留下来，把不该保留的予以抛弃；那些给人带来诸方面不利的因素，实在没有必要过了若干年还回味或耿耿于怀。所以，父母要教导孩子学会遗忘，用理智过滤去自己思想上的杂质，保留真诚的情感。乐于遗忘，是一种自我升华。

## 给父母支招

遗忘对大脑高效运转，学习、适应和回忆更有意义的事情至关重要。神经—精神学家、记忆专家德维说："我们对记忆是如此重视，以至于遗忘一直受到人们的诅咒；但如果你不忘记，你就会回忆起生活中所有无关紧要的信息，从而将你淹没在效率低下的海洋中。”

**第一招：转移注意力，让孩子尽快忘记烦恼和痛苦。**

如果孩子遇到烦恼和忧虑，父母应该尽可能陪在孩子身边，并和他们一起“忙”起来，转移孩子的注意力，以至于使他们没有多余的时间再去想烦恼和痛苦的事。父母可以和孩子一起做以下的事情：

- 大声喊叫。和孩子一起到海边、空旷的山上、屋顶等地方，尽情大叫，或者把烦恼的事情大声说出来，这样可以发泄内心的不满。
- 多听一些轻音乐。让孩子听轻音乐，使他们的心情放松下来。
- 吃东西。不妨和孩子一起买些他们喜欢吃的零食在家里大吃一顿。因为肚子吃饱了，思考力就会下降，不想动，也较容易入睡。
- 外出旅游玩乐。不妨陪孩子去看一场喜剧电影，也可以带他们去唱卡拉 OK。如果正好是假期，可以带他们去远一点的地方旅行，交通工具以火车为佳，可能在欣赏风景之余，完全放松自己。
- 充实生活。给孩子布置多点家务活或者课外作业，让孩子用较大的生活或学习压力来压抑自己复杂烦恼的心情，把烦恼化成劳动或学习的动力，烦恼会很快忘记。
- 涂鸦。让孩子尽情地在纸上乱画，或者让他们用棍子到沙地里乱划。
- 打枕头。允许孩子通过用力打枕头、扔布娃娃等不会伤及他人的暴力方式来宣泄情绪。

**第二招：用“万灵公式”帮助孩子从根本上消除烦恼。**

“万灵公式”是由聪明的工程师卡瑞尔发明的。卡瑞尔开创了空调制造行业，现在是世界著名的卡瑞尔公司的负责人。“万灵公式”可以分为三点：问自己可能发生的最坏情况是什么；接受这个最坏的情况；镇定地想办法改善最坏的情况。下面我们看看卡瑞尔是怎样做的，当孩子有了烦恼，父母不妨效仿卡瑞尔的“万灵公式”帮助孩子消除烦恼。

卡瑞尔到密苏里州去安装一架瓦斯清洁机，经过一番努力，机器勉强可以使用了，然而远远没有达到公司保证的质量。他对自己的失败感到十分懊恼，简直无法入睡。后来，他意识到烦恼不能解决问题。于是，想出了一个不用烦恼解决问题的方法。

• 找出可能发生的最坏情况是什么。最坏的情况充其量不过是丢掉差事，也可能老板会把整个机器拆掉，使投下的20000元钱泡汤。

• 让自己能够接受这个最坏情况。他对自己说也许会因此丢掉差事，那可以另找一份；至于老板，他们也知道这是一种新方法的试验，可以把20000元钱算在研究费用上。

• 有了能够接受最坏的情况的思想准备后，就平静地把时间和精力用来试着改善那种最坏的情况。卡瑞尔做了几次试验，终于发现，如果再多花5000元钱，加装一些设备，问题就可以解决了。结果公司不但没有损失20000元钱，反而很快就达到了目标。

**第三招：使用“李及菲尔技术”帮助孩子分析烦恼的根源，并从中获得收益。**

• 学会关门。让孩子把“昨天”和“明天”这两扇大门关住，那么十分之九的烦恼就不存在了。忘记过去，不想将来，过好每一个今天是使自己一生幸福的关键。要说明的是，所谓忘记过去和不想将来不是要自己忘记历史，不吸取教训和不要理想，没有抱负，而是让自己决不为已经发生的事而烦恼。

• 学会分析。必须让孩子懂得烦恼的主要原因是混乱，然后运用“李及菲尔技术”驱除十分之九的烦恼。李及菲尔曾是美国在亚洲最重要的商人之一，他的成功都归功于他的“分析烦恼加迎头去干”的方法。准备一张纸，第一，写出“我为什么而苦恼”；第二，写出“我有什么办法对付它”；第三，写出“我决定怎样去干”；第四，立刻开始执行自己的决定。经验证明，烦恼的50%在做出一个清晰具体的决定时就会消失。

• 学会思考。必须让孩子懂得以下道理：第一，烦恼将使自己付出高昂的代价，严重影响健康；第二，困难和挫折并非坏事，“有钱难买磨难”，生活中最重要的不是在“得中求得”，这是任何愚人都做得到的，真正重要的是在“失中求得”，这需要智慧；第三，永不后悔，因为后悔如同锯末；第四，淡泊名利是重要的养身之道；第五，小事不究好；第六，助人为乐，不求报恩；第七，痛苦，全在思想；第八，遇到困难，想想残疾人克服困难的精神就会发现自己的烦恼是不足挂齿了。

•学会计算。让孩子学会计算自己的幸福，而不是计算自己的困难。在我们的生活中，大约有十分之九的事是做得对的，只有大约十分之一是错的。因此，如果想幸福，当然应该集中注意计算那对的十分之九，而忽略错的十分之一。所以，遇到问题解不开时，换个角度去思考，自我宽慰，多想好事，多做好事。

# 三　社会交往和生存能力

功课 33　懂点社会交往常识

功课 34　幽默感，交往中的润滑剂

功课 35　不轻言是非，最受欢迎

功课 36　说善意的谎言，无碍于做诚实的孩子

功课 37　察言观色，窥探对方心理

功课 38　赞美和推崇他人，并非阿谀逢承

……

## 功课 33

## 懂点社会交往常识

孩子从小就被父母包在“保护层”里，遇到需要自己独立处理的事情时总是不知所措。例如，他们连买车票、定旅行团都不会自己做；买错了车票也不敢自己换；对旅行团的计划有不明白的地方也不懂问清楚；因为不懂得饭宴上的敬酒礼仪而闹了笑话……如果不刻意扩充孩子的社会交往常识，只会常常让孩子碰钉子。

### 小故事，大启示

查尔斯在小的时候常常在父亲开的杂货铺里帮忙。在店里工作的都是成年人，父亲希望儿子能从他们身上学点有用的东西。

杂货铺里有一个绰号叫“堕落的老家伙”的人，伙计们都不喜欢和他共事。因为大家都知道他对妻子不忠的事，所以他不是一个值得尊敬的人。查尔斯也有意无意地听到关于这个人的事，所以他也跟其他孩子一样，对他很不尊重。孩子们一般都习惯称成年男子为“某某先生”，但是对于这个“老家伙”，他们都直呼他的名字。

一天，查尔斯的父亲听到他与“老家伙”的对话，很是生气，便把儿子叫到办公室里训话：“儿子，我曾经跟你说过，跟长辈说话一定要谦恭。但是我刚才听到你不礼貌地称呼‘老家伙’。”儿子理直气壮地说：“‘老家伙’与‘先生’是要区别对待的。‘先生’只能留给那些值得尊敬的人，而‘老家伙’他不配！”

父亲严肃地说："他配不配是他的事，而你这样对待他是你的问题，现在失礼的是你，年轻人！对另一个人有看法不是你失礼的借口！"

这件事一直影响着查尔斯的成长，这是父亲给他上的一堂意义深远的课，这一课在他以后的社会交往中起到了重要的作用。父亲的教训说明了：无礼地对待那些该轻蔑的人，也会降低我们在善良人眼中的地位。

查尔斯小时候不懂事的行为是有碍于他在以后的社会交往的。他的父亲是个明智的家长，让查尔斯通过与成年人的交往，从小学会一些社会交往的常识，这些常识能够使查尔斯在以后的社会交往中少走弯路。孩子随着年龄的增长，总有一天要作为社会生活独立的一员，而青少年时期正是孩子积累生活经验、发展生活能力和学习适应社会的重要时期。所以父母必须注意丰富孩子的社会交往常识，以适应社会的要求。

## 给父母支招

社会交往常识主要分为两大类：精神面貌和日常礼节。因为注意自己的仪容、仪表，就是对他人、对社会的尊重，体现了一个人的精神状态和文明程度；注意日常礼仪体现了一个人的"社会化"程度。当然，"社会化"的人并不是只会陪老板喝酒吃饭，而是应该"识大体"。

**第一招：注意日常生活礼仪，让孩子镇定自若地适应社会礼仪。**

很多孩子面对父母的叮嘱常常觉得是多余的，但是很多习惯一时形成了就很难改变。例如，自己平时习惯驼背，去到正式场合如果没有人刻意提醒，依然会保持这种不雅的仪态。父母应该注意孩子在日常生活中形成得体的礼仪习惯。

• 热情地与人打招呼。当听到有人走进房间时，应起立热情相迎、问好。无论在何种场合，别人与自己说话时，不能不理不睬，毫无反应。

•握手要注意力度与眼神。握手时，应面向对方，伸出右手与对方握在一起。可轻轻上下摇动，不要久握不放，否则会使对方不舒服。当有盲人在场时，应协助盲人握手。

•鞠躬要严肃。一般见到长辈、登台演讲及演出前后、接受奖品或礼品时可行鞠躬礼。戴着军帽时不要行鞠躬礼，应行军礼。在行礼之前要注意自己与对方保持一定的距离，以免相碰，出现尴尬场面。鞠躬时要面向对方，脱帽，立正站好，然后弯腰低头，上身与腿的夹角不要小于90°。

•交谈的内容要注意适量和适合。交谈时要注意面向对方，注视对方眼睛稍下的位置，这样既可以使双方不紧张，也表现自己在认真地听讲；应多谈与对方有关或对方感兴趣的事，但是也不要喋喋不休或者过于沉默。

•打电话也要注意感情。接电话时，不要拿起话筒就问“你是谁?”，要主动问对方好；打电话时，不要把嘴贴在话筒上，否则会把话筒弄脏；要爱护电话机，轻拿轻放。

•请求别人帮助要诚恳。请求别人帮助时，首先要相信人家，即使对方是不熟悉的人，心中确有疑虑，又不得不相求，也不要表现出不信任；请别人为自己代买物品，要主动先给钱，东西买回后，要表示感谢，不要当即索要余款；如果对买回的东西或办的事不满意，同样要表示感谢，不能表现出不高兴；如果自己受到别人的请求应热情相助，无法帮忙时也应表示歉意，并说明原因。

**第二招：扩大孩子的生活圈，使他们提前成为“社会化”的人。**

现在的父母爱子心切，不放心让孩子单独出门，而又因为自己工作比较忙，很少能够抽出时间带孩子出去，这就造成了孩子的生活圈子狭窄，知识贫乏。父母可以利用一些比较方便的机会让孩子出席自己参加的应酬，让他们“见多识广”。在参加酒席、派对等场合，父母应该在着装和礼仪上给予孩子指导。

•养成良好的卫生习惯。脸要保持清洁，头发要经常修剪和梳理，指甲要常修剪；衣服干净整洁，衣扣、裤扣要扣整齐，内衣、内裤不要露出；在正式场合不可戴墨镜。

•举止要文雅，不要做碍于公德的事。不要随地吐痰、乱扔杂物；不要当众剔牙、掏耳朵、挖鼻孔、搓泥垢、搔痒、抠眼睛、摇头晃脑、抖动腿；不要对着人打喷嚏、打哈欠、伸懒腰。

•在与人交往时，态度应当诚恳、谦虚、热情、自信、有礼貌；要克服自卑感、孤独感；做事应当稳重，快而不乱，忙而不慌，胸有成竹，从容大方。

•站有站相，身体端正，不要歪斜，不要驼背；坐有坐相，入座要从容自如，不把座椅弄得叮当作响，不半躺半坐；走有走相，步伐自如矫健，不斜身晃膀，躬腰挺肚。

**第三招：尽量给孩子制造机会，与社会多接触。**

孩子通过实践努力掌握的知识，是进一步掌握更多知识的基础，父母对他们的成功要及时地进行鼓励，使孩子充满信心，继续去探索，去实践，从而更多更好地获得知识。对于孩子在实践中出现的问题，父母要耐心地给予纠正，千万不要说损伤孩子自尊心的话。以请客吃饭为例，在这过程中涉及很多细节问题，很多事情是可以让孩子做的：

•座次是“尚左尊东”、“面朝大门为尊”。正对大门的应该是由主客来坐；主客的左右手的位置，越靠近主客位置越尊，相同距离则是左侧尊于右侧。如果自己是主人，应该提前到达；如果自己是被邀请的人，那么最好听从东道主的安排才入座。

•点菜最好等到客人到齐之后才开始，并且将菜单供客人传阅，请客人来点菜。如果由自己点菜可以点一些不太贵、又不是大家忌口的菜。点菜时，可根据以下三个规则：人均一菜是比较通用的规则；一桌菜最好是有荤有素，有冷有热，尽量做到全面；点菜时不应该问服务员菜肴的价格，或是讨价还价。

•吃菜也要注意形象。客人入席后，不要立即动手取食，而应等待主人举杯示意开始；夹菜应等菜肴转到自己面前时再动筷子，不要抢在邻座前面，一次夹菜也不宜过多；要细嚼慢咽，这不仅有利于消化，也是餐桌上的礼仪要求；夹菜时不要碰到邻座，不要把盘里的菜拨到桌上，不要把汤泼翻，不要发出不必要的声音；不要一边吃东西，一边和人聊天；嘴里的骨头和鱼刺不要吐在桌子上，可用餐巾掩口，用筷子取出来放在碟子里；掉在桌子上的菜，不要再吃；进餐过程中不要玩弄碗筷，或用筷子指向别人；用牙签剔牙时，应用手或餐巾掩住嘴；不要让餐具发出任何声响；餐后不要不加控制地打饱嗝或嗳气；在主人还没示意结束时，客人不能先离席。

● 喝酒环节不可少。在这个环节，孩子可以以饮料或茶代酒，端起杯子，右手扼杯，左手垫杯底，记着自己的杯子永远低于别人。

● 倒茶有学问。孩子通常是饭宴上年纪较小的人，所以应该由孩子为在座的人倒茶。倒茶的顺序应该从长到小；用双手给客人端茶，对有杯耳的茶杯，通常是用一只手抓住杯耳，另一只手托住杯底，把茶端给客人；无论是大杯小杯，都不宜倒得太满；每次在为自己倒茶时先要看看别人杯里的茶水，先为别人倒。

● 离席不忘道谢。吃完饭后应该坐一会再走，不要刚放下筷子马上走人；不要拉着主人在大门口聊个没完；离席后要致谢，不可一溜烟便不见了。

## 功课 34

## 幽默感，交往中的润滑剂

有的孩子很会制造欢乐的氛围，说话风趣幽默，让周围的人感到轻松快乐，自己也很有自信和成就感，这样就能比一般的孩子更容易获得友谊；有的孩子则喜欢皱眉，说话冷漠，很难获得周围人的喜爱。很多父母并不在意这种现象，以为这是孩子天生的，不能改变，也没有想过要改变。但是，这里告诉各位父母，孩子的幽默感是可以培养的。

### 小故事，大启示

林肯是美国历任总统中最具幽默感的一位，也正是因为他的幽默感，使得他在人际交往中如鱼得水。

林肯当律师的时候，有一次出庭，对方律师把一个简单的论据翻来覆去地陈述了两个多小时，在场的听从都听得快要睡着了。等到林肯上台替被告辩护的时候，听众开始显得不耐烦了。但是林肯并没有马上陈述，而是先把外衣脱下放在桌上，然后拿起玻璃杯喝了两口水，接着重新穿上外衣，然后再脱下外衣放在桌上，又再喝水，再穿衣，这样反反复复进行了五六次。林肯的这一举动不仅调动了法庭的气氛，而且使听众重新打起精神认真听完了他的陈词。

林肯的脸长得较长，不好看。有一次，他和斯蒂芬·道格拉斯辩论的时候，道格拉斯讥讽他是两面派。林肯答道："要是我有另一副面孔的话，我还会戴这副难看的面孔吗?"还有一次，林肯为自己擦皮鞋，一个外交官对他说："总统先生，您竟擦自己的皮鞋?"林肯诧异地反问："难道你擦别人的皮鞋?"林肯这两次的幽默回答不仅为自己解了嘲，而且暗中反嘲了对方，这就是人际交往中的智慧。

又有一次，一位妇女来找林肯，她理直气壮地说："总统先生，你一定要给我儿子一个上校的职位。我们应该有这样的权利，因为我的祖父曾参加过雷新顿战役，我的叔父在布拉敦斯堡是惟一没有逃跑的人，而我的父亲又参加过纳奥林斯之战，我丈夫是在曼特莱战死的，所以……"林肯笑着回答："夫人，你们一家三代为国服务，对国家的贡献实在够多了，我深表敬意。现在你能不能给别人一个为国效命的机会?"妇女无话可说，只好走开了。林肯的回答不仅推辞了一次"走后门"的机会，还得体地给这个妇女留了"下台阶"的机会。

林肯懂得通过幽默来解决人际交往中的困境，这是他能够得到众人支持的重要原因之一。其实，幽默是一种生活的机智，它将人们对生活的领悟，以一种诙谐、有趣的形式表达出来，令人发笑，引人深思。拥有幽默感不仅能使孩子自信，更能使孩子在人际交往中善于化解危机，消除不利的因素。所以，幽默感作为交往中的润滑剂，是孩子必不可少的知识。

## 给父母支招

幽默感是通过语言或肢体语言，让与自己互动的对象感到愉快的一种能力。研究发现，孩子自出生后一个月就开始有幽默感了，如：婴儿常常会为"藏猫猫"的游戏而狂笑不已。既然幽默感是人与生俱来的，如果父母能好好鼓励并加以培养，让孩子成为一个幽默的人不是一件难事。孩子幽默感的发展与下面三个因素有关：第一，语言认知能力，孩子的认知与语言能力发展到一定程度后，他们看到或听到有趣的事时才懂得判断，从而形成幽默感；第二，父母的关怀，在3岁前得到父母疼爱与照顾的孩子，会表现出比较良好的幽默感；第三，愉快的生活气氛，只有孩子处于一种轻松、愉快的气氛才会体验到快乐，并会以快乐的心情来看待周围的人或事，有利于幽默感的形成。父母在培养孩子的幽默感时，要注意以上三个因素的影响。

**第一招：让孩子博览群书，积累丰富的词汇。**

真正的幽默是需要用心去体会的，如果孩子缺乏对语言的理解能力，便难以识别其中幽默的要素。另外，孩子语言表达能力也会影响到幽默的效果。所以，一个人要想具有幽默感，首先要博览群书，广泛涉猎，平时注重阅读积累。在这一方面，父母平时可以多给孩子讲讲幽默故事，机智故事，脑筋急转弯等等，训练孩子思维的敏捷性，丰富他们的词汇。对于大一点的孩子，要注意培养孩子养成认真阅读课外书的习惯，从最受孩子欢迎的童话书到各种天文、历史、地理等方面的书，应该都要有所涉及。当然，父母在培养孩子幽默感的同时不要忽略了孩子的个性，例如，比较活泼的孩子喜欢用外露的方式表现幽默感，而内向的孩子则喜欢比较含蓄的方式。所以，父母不要操之过急，要耐心丰富孩子的内心世界。随着孩子知识面的不断拓宽，阅历的不断增加，举止谈吐自然会有所改变，真正的幽默就会自然而然表现出来的。但是切记，千万不要为了幽默而幽默，变成冷嘲热讽，或者变得油嘴滑舌。

**第二招：教孩子要有坦荡胸襟，才能懂得幽默的真正含义。**

幽默的心理基础是乐观、积极向上的心态。要培养孩子的抗挫折能力，不怕失败，能看到事情积极的一面，不是一味地悲观失望。从上面林肯的故事也可以看到，林肯并没有因为别人的嘲笑而大发脾气，而是以坦荡的胸襟去回应别人的讥讽，具有这种品质的人才懂得借幽默感来缓解尴尬的场面。培养孩子的幽默感，首先从培养他们光明磊落的胸襟入手，教育他们不为小事斤斤计较、耿耿于怀，凡事要有容人的雅量。例如，如果孩子被误解挨批评了，觉得很委屈，父母应该耐心地疏导孩子，要有一颗包容的心，下次遇到这种情况不要意气用事，而应该积极开动脑筋，用幽默的语言为自己解围。

**第三招：训练孩子的思维，才能随机应变地说幽默的话。**

幽默常常需要机智，而且幽默的人观察事物有自己的角度，不因循守旧，对事物有自己的看法，观点新颖，因而常常会语出惊人。所以，一个有幽默感的人一定是一个思维敏捷的人。要培养孩子的幽默感就要进行思维训练，打破常规，别让惯性思维束缚头脑。让孩子多思考一些“脑筋急转弯”“IQ”题等对训练思维是十分有利的。另外，时下一些比较热的综艺节目也是训练孩子思维的好教材，如湖南卫视的“天天向上”，央视的“幸运52”等节目，其幽默风趣、妙语连珠的主持人会是孩子幽默感培养的榜样。训练孩子的思维不仅对于幽默感的培养有益，而且还可以提高他们在学习上的思维，可谓是一举两得。

**第四招：利用幽默的感染力，熏陶孩子的幽默感。**

熏陶孩子的幽默感需要父母积极营造气氛，密切配合才能做得到。例如，小孩子哭闹时，父母应该在一旁营造气氛，抱一抱他、拍一拍他，安抚说：“怎么了，妈妈的小宝贝，为什么哭得跟小花猫一样？”温柔、幽默的表达方式，有助于孩子忘记哭泣，破涕为笑。有一位幽默的老师，连批评人的话语也是充满幽默，而且意味深长，令人终身难忘。比如考试的时候他发现有学生作弊，于是他说“微闻有鼠作作祟祟”，他说得含蓄委婉，后来再也没有人作弊了。父母在家里也可以注意采取幽默的方式来纠正孩子的不当行为，如孩子生气了可以说是“晴转多云”；孩子伤心流泪了可以劝他“轻伤不下火线”。这样一来，活跃了家庭的气氛，拉近了和孩子的心理距离，还可以在不伤孩子面子的前提下，深刻地教训孩子。

**第五招：培养孩子热爱生活，激发乐观向上的生活态度。**

真正的幽默不是苦心经营的语言游戏，不是刻意制造的文字陷阱，它应该是一种洞察一切的睿智，是面对困境的从容不迫，是自然而然的生活积淀。所以，一个有幽默感的人首先是一个热爱生活的人，他要有乐观自信的人生态度，有积极进取的奋斗精神，即使面对失败也能坦然一笑。因此，父母不应该让孩子背负着父母自己不切实际的梦想前行，如果他爱踢球就让他踢，不去想贝克汉姆；他爱玩电脑就让他玩，也不把比尔·盖茨唠叨个没完。在这样愉快融洽的家庭气氛中成长，孩子自然开朗活泼。孩子拥有幽默感是他热爱生活的表现，但幽默不仅仅是制造笑料，更要在幽默中体味生活，培养乐观向上的人生观和勇于开拓的创新精神，这比开心更重要。

## 功课35
## 不轻言是非，最受欢迎

父母通常都有这样的经历：对于那种喜欢在自己背后说自己坏话的人，要特别注意，甚至离这种人越远越好。然而，父母自己似乎忽视了自己也有这种行为，回到家里常常说办公室里哪个人怎样。其实，孩子会把这种事情看在眼里，于是他们觉得很困惑，一面是讨厌被说是非的父母，一面是在说别人是非的父母，到底做哪一种人比较好呢？

### 小故事，大启示

提起“精工”手表，可以说无人不知、无人不晓，然而本田秀行面对记者的采访仍然小心翼翼，他说：“千万别这么讲，干我们这一行，嘴巴守紧一点儿，比什么都重要。”其实这都是有一段故事的。

第二次世界大战后，日本手表业受到大规模经济不景气的冲击，而遭受冲击最大的是下层手工业者集中地的长野县诹访一带。但是出人意料的是，诹访一带的企业十分稳固。诹访一地素有“东洋瑞士”之称，他们从不轻易透露口风的习性，可以说就是这种气质所调教出来的。当地技术最进步、收益也最丰硕的“本田精工”，就是最具备这种诹访气质的企业团体。

“不轻露口风”是商场竞争中极为重要的因素。本田秀行曾斩钉截铁地说过：“我们的工厂一向不给人看。一方面，只要是专家，看了马上就会知道其中的诀窍；另一方面，保密也是我们能提供给买主的一个销售特点。”所以，凡是向“本田精工”采购零件的买主都不必担心泄露自己的商业秘密。本田秀不轻易透露口风的气质成就了本田秀的成功。

在商业的竞争圈子当中，最忌讳的就是管不住自己的嘴巴，什么都说。任何人都不愿意让人知道自己的隐私，所以在谈话的时候千万不要寻根问底。既然自己不喜欢那些轻言是非的人，那么自己也要将心比心，不要轻易在别人背后谈论别人。尤其是与自己关系很一般的人，如果跟人家说得很深，这就显得自己没有知人之明了。孩子的交际圈是社会的缩影，同样也需要养成不轻谈是非的习惯，才能更好地与同学交往。因为谈论自己往往会自大虚伪，在名不副实中失去自己；议论别人往往陷入鸡毛蒜皮的是非口舌中纠缠不清。背后议论人总是不好的，尤其是议论别人的短处，这些会降低自己的人格。所以，不轻言是非的孩子更受欢迎。

## 给父母支招

说别人的是非，无非是议论那些与自己相关的或者无关的，经历的或者没有经历的。有时候是有意为之，有时候是不经意流露。《增广贤文》中有这样一句话：来说是非者，即是是非人。又说，静坐常思己过，闲谈莫论人非。

**第一招：父母与孩子都要注意谈话场合，不要成为“耳语”的散播者。**

父母在办公室，孩子在学校，或者父母和孩子在公共场合都是不适宜谈论别人的。一方面，在公共场合谈论是非会让别人觉得你是个爱讲是非的人，一定得不到别人的信赖；另一方面，在公共场合遇到被谈论的人是有可能性的。有许多爱说话、直性子的人喜欢向身边的人倾吐苦水。虽然这样的交谈富有人情味，能使谈话人与自己之间变得友善。但是研究调查指出，只有不到1%的人能够严守秘密。所以，不要以为自己跟别人说“这件事不要跟别的人说，我只告诉你一个人”，别人表示承诺，自己就可以信以为真。

**第二招：不做针锋相对的辩论，避免参与是非的评论。**

● 最好不要与别人进行针锋相对的辩论。有些人喜欢争论，一定要胜过别人才肯罢休。假如孩子实在爱好并擅长辩论，那么父母要建议孩子把这项才华留在公共场合之外的地方去发挥。否则的话，即使孩子在口头上胜过对方，但其实是不经意中损害了他人的尊严，对方可能从此记恨在心，说不定有一天他就会用某种方式还以颜色。

● 找借口避免参与是非的评论。要管住自己的嘴巴其实是件很头痛的事情，因为自己根本无从把握什么话会冲撞了什么人，所以最好的办法就是避开谈论是非的人群。例如，当自己不小心参与了无聊的谈话时，可以借口去上厕所而避开这种被硬拉进来的谈话；如果有人问自己关于别人的私事，可以假装很忙的样子；当自己讲话快要收不住的时候，可以用零食来堵住自己的嘴巴。

● 不说别人的坏话。每个人都有自己的活法和行事方式，自己可能看不上某些人的能力，或者看不惯某些人的为人处世，但是谁又能保证自己的一切都是正确的？所以，父母如果发现自己的孩子对某个人不满的时候，可以引导孩子思考：自己的想法是否一定是正确的？客观分析之后，如果孩子觉得这样的同学值得去帮助，那可以引导孩子勇敢地、中肯地提出来，同学如果能接受的，他会感谢孩子的；如果孩子觉得这样的人不值得去沟通，那大可以不去管他，安心做好自己的事情就好。每个人都会为自己的行为承担最终的责任，不必在背后不齿于别人，因为那并不能显示自己比别人更高一等。

**第三招：注意“吹牛”的技巧。**

其实与同学相处不免会闲谈一些无关紧要的话题，这就是所谓的“吹牛”。一般来说，人际交往中牛皮不可一点也不吹，有时候吹牛是一种策略，是一种进退之间的攻势或守势，这就要求把握好分寸和力度，并且需要学习有关技巧，否则的话就会变成“自我炫耀”或者“爱讲是非”。

●吹牛皮别撑破。有时候为了活跃气氛，开开玩笑、吹吹牛也没什么了不起，大家一笑置之，并不往心里去。但是切记：自吹自擂要适度。如果吹到云山雾绕，驴头不对马嘴，油嘴滑舌时还卖弄才学，这就属于过度了。

●吹牛不要损害大家的面子。自吹自擂最好别伤自己的面子，也别伤大家的面子。吹牛本是为抬高自己，如果吹得不适当，吹得愚蠢，就反而有损自己形象，让自己难以下台。

●吹牛应高雅一些。有的人吹牛极其庸俗，比如捡黄色段子来吹。吹牛要有艺术性，文雅有涵养，吹得低级庸俗就没水平、无价值、降低身份，贬损自己的人格魅力。

●吹牛要讲求对象、场合。有些人吹牛不看对象、不分场合，比如面对一些正经、严肃的人去吹，或者在一些重要的会议、谈判场合去吹，这样往往是自取其辱、自讨没趣，真的是招人嫌了。

## 功课 36

## 说善意的谎言，无碍于做诚实的孩子

有时候问孩子："这么多天都没见奶奶了，是不是很想念奶奶?"天真的孩子对着奶奶的面，实话实说："不是很想。"奶奶当然挺不开心的。可是孩子也没有错，那是因为孩子天天上课，下课后要做作业，上兴趣班，忙得都没有时间想奶奶。如果孩子把这番"诚实"的品质直接带到社会上，往往会碰钉子。

### 小故事，大启示

电视报道里有这样一个真实的故事：一个老妈妈得了肾病，如果不换肾的话就会有生命危险。这时大儿子站了出来要求给妈妈捐肾。老妈妈很疼爱自己的儿子，表示强烈反对，她宁愿死也不要儿子捐肾。然而，如果等待各种条件都比较匹配的肾源是很不容易的。儿子怕耽误母亲的病情，于是和家里其他亲人商量后，骗过了母亲，把自己年轻的肾脏捐给了母亲。手术成功之后，老妈妈想见儿子，可是家人骗她说儿子出差去了。然而，这位老妈妈永远也不会知道，其实当时儿子正住在母亲的隔壁病房。老妈妈得到了健康的肾源，在愉快的心态中康复了。看完这样的报道，有谁不会为此而感动？一个善意的谎言可以挽救一个病人，有谁会因此而责怪那个说谎的儿子及他的亲人们？

或许一个故事未能说明这种"违背道德"的道理，但是一个又一个真实的故事说明善意的谎言并不碍于做个诚实的人。

一个得了白血病又双目失明的小女孩，在她生命的后期，医生问她最大的心愿是什么时，她说想去天安门看升旗仪式。面对一个生命垂危的女孩，父母没有不满足她的理由。但是女孩的家住新疆，如果要把她带到北京，一定会加速女孩的死亡。于是，一个由2000多名志愿者和医生还有女孩家人组织集体编造谎言的活动开始了。从上火车到改乘旅游车，一路上从报站、服务员端茶倒水到旅客们的交谈，都是一早就安排好的“演出”。最后，小女孩和父母来到了一个学校，小女孩以为真的到了渴望已久的天安门广场。在军乐队伴奏的国歌声中，小女孩无力地举起了她的小手，肃穆地向国旗行了少先队礼。这样一个由2000多人组织的集体说谎行动，你能说他们善意的谎言有碍于诚信么？

“谎言”之所以称为“谎言”，是因为它是虚假的、不真实的、骗人的话语。一个人如果经常有谎言流于口中，从而去哄骗他人，久而久之，他便会失去人们的信任。但是，我们很多时候也会发现，说实话有时候并不能满足人际交往中的需要，因为实话实说也有可能直接刺伤对方的心。所以诚实与谎言之间应该要有一个平衡的东西，以调节人际关系中的不平衡状态，这个东西应该是在“谎言”前加个定语——善意的，加上了这个限定词后，谎言的本质也就发生了根本的改变。“善意的谎言”尽管也是谎言，但是它寄托了美好的愿望，即使听到善意谎言的人明知道是谎言，也会不自觉地努力去相信，甚至还会打心底里感激。善意的谎言不仅无碍于诚信，而且还会极大地增进人与人之间的友谊和感情，对社会稳定亦有不可磨灭的作用。

## 给父母支招

善意的谎言是美丽的，当我们为了他人的幸福和希望适度地撒一些小谎的时候，谎言即变为理解、尊重和宽容，具有神奇的力量。然而，在说善意的谎言时，要注意动机、出发点和明确谎言与“善意的谎言”之间的界限。

**第一招：明确“恶意的谎言”与“善意的谎言”之间的界限。**

善意的谎言本身决定着它不是恶意的，它是建立在内心的真诚和善良的基础之上；恶意的谎言则是为说谎者谋取利益，以强烈的利欲，薄弱的理性，仅把谎言作为手段，不惜伤害他人的行为。这就是“恶意的谎言”与“善意的谎言”之间的界限。所以每次说谎言之前应该要问自己几个问题：

- 是否有必要说这个谎言？
- 说这个谎言是否出于善良的动机？
- 说这个谎言是否损害了他人的利益？

例如，因为功课太忙了，所以没有时间想念奶奶。孩子可以想想，如果谎称“很想奶奶”，奶奶会很高兴，而且并不会损害任何人的利益。说这样的谎言，何乐而不为？

**第二招：说善意的谎言要具体问题具体分析。**

善意的谎言虽然是谎言的一种，但是不能说谎言就一定有碍诚信。诚信之所以得到大家的推崇，是因为它是善意的不欺骗。虽然善意的谎言在表面上有碍诚信的原则，但是它之所以存在是因为在某种场合下，说出真话有碍善良的原则。在这种矛盾的情况下，就需要具体问题具体分析。

**第三招：说善意的谎言要注意“度”，避免变成“油嘴滑舌”的人。**

我们生活中充满了大大小小的谎言，从煽动性极强的广告到情人间的甜言蜜语，无一不充斥着夸张的言辞。说善意的谎言并不碍于诚信的原则，并不等于我们可以作为借口，关键要把握说谎言的度。如果说得太过，会令人觉得你是个爱“拍马屁”的人，那种专门用来“拍马屁”的所谓的善意的谎言，是没有必要的。

**第四招：说善意的谎言要注意真诚。**

善意的谎言既然是善意的，那么就表示这个谎言要发自内心地，真诚地说出来才不会违背诚信的原则。所以，在说谎时，要千方百计地控制表情和各种情感信息：面部表情、语言、声调和姿势看上去都要够诚恳，不应该说起谎来就飞到天上去了。

## 功课 37

## 察言观色，窥探对方心理

没经过社会历练的孩子刚步入社会，常常会在不适当的场合说不适当的话，在不适当的时间做不适当的事，这就是缺乏“听”和“说”的技巧。在日常生活中，我们利用“听”来获取信息的机会比其他都要多。听力正常的人都能听，但能听的人不一定会听。“会听”是要求我们，既要充分注意说话者，又要主动分担交往的责任。

### 小故事，大启示

有一个举人几经周折，好不容易谋得了一个山东某县县令的职位。这个举人第一天上任时去拜见他的上司就闹了很多笑话。

县令想不出什么该说的话，沉默了一会，忽然问道：“大人尊姓？”上司很吃惊，勉强说了自己的姓氏。

县令低头想了很久，又说：“大人的姓，百家姓中所没有。”上司更加诧异，一时不知道要说什么好，只好回答道：“我是旗人，贵县不知道吗？”

县令又想了想，感觉好像自己终于找到话题了，他站起来问：“大人在哪一旗？”上司说：“正红旗。”县令说：“正黄旗最好，大人怎么不在正黄旗呢？”上司勃然大怒，反问道：“贵县是哪一省的人？”“我是广西人。”上司说：“广东最好，你为什么不在广东？!”县令吃了一惊，这才发现上司满脸怒气，赶快走了出去。

第二天，上司把他的县令职位撤了，要他到学校教书。

举人被撤职的事，不用细想就知道是因为他不懂得察言观色。一个人的言辞和表情能透露一个人的品格，一个人的言谈能透露一个人的地位、性格、品质及内心情绪，能够通过别人的表情和言谈对他的品性做出准确的判断，是一切人情往来中操纵自如的基本技术。不会察言观色，等于不知风向便去转动舵柄。因此，懂得察言观色是社会交往中的潜规则。

## 给父母支招

察言观色犹如“看云识天气”一样，需要很深的学问，因为并不是所有人在所有时间和场合都会喜怒形于色，相反，可能是“笑在脸上，哭在心里”。所以要学会察言观色首先是学会“观色”，然后是“察言”。

**第一招：从面部表情观察对方的真实情感。**

观色是指观察人的脸色，获悉对方的情绪，这与老猎人靠看云彩的变化推断阴晴雨雪是一个道理。人类的心理活动是非常微妙的，而且这种微妙常会从表情里流露出来。如果遇到高兴的事情，脸颊的肌肉会松弛，一旦遇到悲哀的状况，也自然会泪流满面。不过，也有一些人不轻易透露声色。所以，父母在引导孩子学会察言观色时，要注意不能只简单地从面部判断对方的真实情感。

- 没表情不等于没感情。内心的活动如果不呈现在脸部，那就显得很不自然，越是没有表情的时候就越有可能使感情更冲动。碰到这样的人最好不要当面指责对方，应该先安抚对方正在被压抑的感情。所以在这种时候不宜说话过多，避免正面交锋，而应另择时间，以便开诚布公地与其交谈。例如，可以这样说：“如果你有什么不同意见，不妨说出来听听！”

- 愤怒悲哀或憎恨至极点时也会微笑。有些人对某人满怀敌意，但表面上却要装出谈笑风生，行动也落落大方。他们这样做是觉得，如果将自己内心的欲望或想法毫无保留地表现出来，无异于违反社会的规则，甚至会引起众叛亲离的后果，或者成为众矢之的，恐怕受到社会的制裁，不得已而为之。这个时候也应该尽量避免交谈过多或者转换一些轻松愉快的话题，以转移对方注意力。

**第二招：透过“眼神”辨人心。**

从医学上来看，眼睛在人的五种感觉器官中是最敏锐的，大概占感觉领域的70%以上，所以我们常说“眼睛是心灵之窗”。深层心理中的欲望和感情，首先反映在视线上。视线的移动、方向、集中程度等都表达不同的心理状态，观察视线的变化，有助于人与人之间的交流。

• 沉静的眼神代表对方对问题早已成竹在胸，稳操胜算。这个时候，只需向他请示办法，表示焦虑。如果他不肯明白说，这是因为事关机密，不必要多问，只要静静等待他的决定就可以了。

• 散乱的眼神表明对方对于问题的解决也是毫无办法。这个时候，应该平心静气，并且尽量显示自己的机智，另想应付办法，不必再多问。

• 横射的眼神表明对方异常冷淡。这个时候暂且不要向对方提出自己的请求，应该从速借机退出，并静静研究对方对自己冷淡的原因，再谋求恢复感情的途径。

• 阴沉的眼神是凶狠的信号，如果你不是早有准备想和他见个高低，那么最好从速鸣金收兵。

• 游移的眼神表明对方胸怀诡计。这时应步步为营，不要轻近，前后左右都可能是他安排的陷阱，一失足便栽倒在他的手里，而且不要过分相信他的甜言蜜语，以免上当受骗。

• 呆滞的眼神加上泛白的唇皮，表明对方对于当前的问题惶恐万状。这时不要再多问，应该退去考虑应付办法；如果自己已有办法，应该向对方提出，并表示有几成把握。

• 恬静的眼神加上面有笑意，表明对方对于某事非常满意。这个时候不妨多说几句恭维的话，以便讨得对方开心，如果你对对方有要求，这是个好机会。

●神不守舍的眼神表明对方对于说话者的话已经感到厌倦，再说下去必无效果。这个时候可以乘机告退，或者寻找新话题，谈谈他所愿意听的事。

●凝定的眼神说明对方认为说话者的话有一听的必要。这个时候可以按照预定的计划，婉转陈说。

●下垂的眼神，甚至连头都向下倾了就可以知道对方心有重忧，万分苦痛。这个时候切不可向他说得意事，那反而会加重他的苦痛；也不要向他说苦痛事，因为同病相怜越发难忍。应该说些安慰的话，并且从速告退，多说也是无趣的。

●上扬的眼神表明对方不屑听说话者的话，无论理由如何充分，说法如何巧妙，最终只会得到不如意的结果。

**第三招：从座位看人心。**

在人与人之间的关系中，坐什么位置，直接反映出社会、集团传统的上席下席或优势、劣势的意识。所以，对一个人的坐的位置、坐姿进行标记、分析，简直就可以画出一张人心的“地形图”来。

●座位的物理距离也表示跟对方的心理距离。这种距离的大小，可以表示主观上想侵犯对方身体领域的程度，从而能判断出他的一些心理想法，知道他想干什么。例如：一对以身相许、卿卿我我的情侣，即使在很宽阔的沙发里，他们必然也会靠近对方的身边坐下。

●座位的方向意味深长。座位的方向有两方面：一个是坐在对方的正对面或旁边，另一个是坐在背向房间的入口与里面的某处位置。例如，面对面坐着有一种距离感，这时两人之间有一张桌子或什么东西之类的障碍物会感觉比较舒服。

●以深坐与浅坐的坐姿来识破对方的心理。深坐的人在精神上占有优势，至少他希望自己居高临下；浅坐的人，坐在位置上常感不安，显示出一种屈居劣势的状态。

●由人类的坐姿而表现出来的深层心理现象。男人一坐下来就跷起二郎腿说明这种人深沉、不服输；女人大胆地跷起双腿，这就表现了她对自己的容貌或衣着服饰相当自信。

**第四招：从穿戴看透内心。**

每个人所选购的衣服把自己的心理状态表现得袒露无遗。

● 衣着华丽者自我显示欲强，爱出风头。那些总是穿着引人注目的华美服饰的人大体上有强烈的自我显示欲，同时这种人对于金钱的欲望特别迫切。所以，可以多夸奖他（她）们的服饰，以满足其膨胀的显示欲，这样就不会轻易与这些人为敌。

● 衣着朴素者缺乏自信，喜欢争吵。那些爱穿着朴素，不爱穿华美衣服的人大多缺乏主体性格，对自己缺乏信心。他们常常希望对别人施予威严，以便弥补自己自卑的感觉。遇到这种人，就不要与他们争执不休，可以大大方方承认他的观点，以期他们保留剩下的一点点面子，这有利于和他们维系健康的关系。

● 喜欢时髦服装者有孤独感，情绪常波动。这种人完全不理会自己的嗜好，甚至说不知道自己真正喜欢什么，他们只以流行为嗜好，向流行看齐。这种人在心底里常有一种孤独感，情绪也经常不安。

● 不理时尚者，常以自我为中心，标新立异。这种人的个性十分强硬，常常以自我为中心，经常弄得大家索然无味。

● 突变服装嗜好的人想改变生活方式，也有逃避现实的成分。这种人通常是因为内心受到了某种刺激，使他在想法上发生若干变化，所以这个时候可以用赞同他们改变的态度，这比别人的质疑的态度要强。

● 对流行既不狂热，又不会置之不理的人，也会渐渐实行衣着的改变。这种人处事中庸，情绪稳定，一般不会做什么出格的事。他们多有理性，不过于顺从欲望，也不盲从大众时尚。所以，这种人比较可靠，值得结交。

**第五招：善于捕捉“弦外之音”。**

人内心的思想，有时会不知不觉在口头上流露出来，因此与别人交谈时，只要我们留心，就可以从谈话中探知别人的内心世界。

•由话题知心理。人们常常将情绪从一个话题里不自觉地呈现出来。话题的种类是形形色色的，如果要明白对方的性格、气质、想法，最容易着手的步骤，就是要观察话题与说话者本身的相关状况，从这里能获得很多的信息。例如和爱车子的小伙子谈话，自己应该聚精会神地听他们侃车，最好不要摆出讨厌或不耐烦的脸孔，自己的耐心就可以满足他们的虚荣心。

•措词的习惯流露出的“秘密”。人的种种曲折的深层心理会不知不觉地反映在措辞上。使用第一人称单数的人，独立心和自主性强；常用复数的人多见于缺乏个性，埋没于集体中，随声附和型的人。

•说话快慢是突破深层心理的重要关键。对于某人心怀不满，或者持有敌意态度时，许多人的说话速度都变得迟缓，而且稍有呆滞的感觉；有愧于心或者说谎时，说话的速度自然就会快起来。

•从音调的抑扬顿挫中看破对方心理。对于那种心怀企图的人，他说话时就一定会有意地抑扬顿挫，制造一种与众不同的感觉，有一种吸引别人注意力的欲望，自我显示欲隐隐约约地透露出来了。

•由听话方式看破对方心理。如果一个人很认真地听话，他大致会正襟危坐，视线也一直瞪着对方。反之，他的视线必然会散乱，身体也可能在倾斜或乱动，这是他心情厌烦的表现。

**第六招：会辨风向才能使好舵。**

我们如真能在交际中察言观色，随机应变，也是一种本领。

•当说话者一面跟你说话，一面眼往别处看，同时有人在小声讲话，这表明刚才你的来访打断了什么重要的事，主人心里惦记着这件事，虽然他在接待你，却是心不在焉。这时你最明智的方法是打住，丢下一个最重要的请求告辞。

•在交谈过程中突然响起门铃、电话铃，这时你应该主动中止交谈，请主人接待来人，接听电话，不能滔滔不绝地说下去，使主人左右为难。

• 当你再次访问希望听到所托之事已经办妥的好消息时，却发现主人受托之后尽管费心不少，但并没圆满完成甚至进度很慢。这时难免发急，可是你应该将到了嘴边的催促化为感谢，充分肯定主人为你作的努力，然后再告之以目前的处境，以求得理解和同情。

## 功课 38

## 赞美和推崇他人，并非阿谀逢承

很多孩子看不惯自己的父母常常在别人面前“拍马屁”，认为他们是阿谀逢承的人，导致孩子对父母的不尊重。其实这也难怪，因为很多父母也把握不好赞美他人与奉承他人的界限，难免会误导孩子。

### 小故事，大启示

艾伦和卡尔是常常一起玩耍的小伙伴。有一次，卡尔想用木块搭建一座很大、很宏伟的城堡，但他独自一人无法完成，所以他请艾伦来帮忙。

可是艾伦的表现令卡尔很不满意，因为他做事笨手笨脚的，不仅帮不了卡尔，反而惹了很多麻烦。为此，卡尔非常生气。一次，艾伦不小心弄垮了一根柱子，卡尔急起来，大声嚷嚷：“你怎么这么笨啊？我好不容易建起这根柱子，你怎么就把弄垮了！”艾伦难过极了，再也无法给未完工的小城堡添上一块木块。没有了艾伦的帮助，卡尔只能放弃当天完工的计划。

卡尔回到家里跟妈妈说起这事，妈妈告诉他：“虽然艾伦有时不那么机灵，但他的出发点是想帮你，你应该鼓励他才对。你这样做只会使自己渐渐失去他人的帮助。”

卡尔疑惑不解地问：“难道鼓励一下就能改变他的笨手笨脚吗？”

妈妈解释道：“艾伦之所以笨手笨脚是因为没有自信心，再加上你对他大呼小叫，他就更加找不到感觉了。如果你能容忍他的失误，并不失时机地表扬他一下，他一定会做得很好的。”

虽然卡尔对妈妈的话将信将疑，但他还是照做了。第二天，卡尔首先为前一天的粗鲁行为向艾伦道歉，并向他表示以后不再那样说他了。在修建城堡的过程中，卡尔不时地对艾伦的工作给予肯定，还常常夸奖他做得好。

结果不出所料，艾伦不仅不再笨手笨脚，而且还做得相当出色。

卡尔通过赞美让艾伦重新树立了信心，热心帮助了卡尔。赞美和推崇可以使人奋发向上，促使人积极进取，几句适度的赞美，可使对方产生亲和心理，消融彼此间的戒备心理，为交际沟通创造良好的氛围。赞美和推崇他人并不是让孩子会讲好听话，然后去获取更多好处，重要的是帮助孩子感觉、悟觉得到提升，只有良好觉知的人，才能提升品质和体验到生命的美好。所以，只要在赞美和推崇他人的时候把握好度，就可以避免进入阿谀逢承的误区。

## 给父母支招

**第一招：赞美和推崇要出自真诚，源于真心。**

尽管任何人都喜欢赞美和推崇，但并不是任何赞美和推崇都会惹人喜欢，能引起对方好感的只能是那些基于事实、发自内心的赞美。这也是赞美和推崇与阿谀逢承的本质区别。赞美具有诚意，阿谀没有诚意；赞美是从心底发出，阿谀只是口头说说而已；赞美是无私的，阿谀完全是为自己打算。

● 赞美和推崇源于真诚而细心的观察。有的人很难看出别人可赞美之处，那是因为关注别人太少，即使赞美，也不是出自真心。善于从小事上赞美别人，不仅可以给人惊喜，而且可以树立你明察秋毫、体贴入微的形象。中央电视台体育评论家宋世雄一次打的到中央电视台转播一场比赛，司机将他送到电视台后说："宋老师，转播完球赛都深夜一点了，您这么辛苦，我夜里一点再回来接您吧。"多年以后，宋世雄还回忆说："人生当中，还有什么比这种真挚的关心和赞美更珍贵呢？这位终日在大街小巷中奔忙的司机并不懂公关技巧、公关心理，但他有一颗关爱别人的善良之心。"这位司机一句源自真心的话语，将自己对宋世雄的赞美之情寓于生活之中，感人肺腑。

• 赞美和推崇不需要绞尽脑汁的修饰。赞美和推崇既然是自然而然的善意的行为，所以就不需要绞尽脑汁，处心积虑，也不需要陪加小心。父母可以从以下方面引导孩子：第一，把每一次赞美当作一次学习的过程，把他人的优点作为自己仿效的榜样，同时在实践中学会更自然地表达自己的好意；第二，对别人的意见不要立即表示赞同，给自己一段时间，表现出谨慎和细致，然后给别人进一步表明意见的机会，让他们说服你，这样你的赞同就会显得更具价值；第三，奉承不只是说好话，而是说好听的话，问候、商量、关心、敬重的口吻同样是推崇；第四，如果不相信对方，认为对方不值得赞美，就不必去赞美，虚伪的赞美会使自己陷入无法摆脱的困境，而对方也会觉得你在嘲讽而不是奉承。

**第二招：赞美和推崇他人要因人而异。**

人的素质有高低之分，年龄有长幼之别，因人而异，突出个性，有特点的赞美比一般化的赞美能收到更好的效果。

• 用引以为荣的事迹赞美比自己年纪大的人。就如老年人总希望别人不忘记他"当年"的业绩与雄风，同其交谈时，可多称赞他一生事业的光辉亮点；对于一位老师，最希望别人称赞他的教育成绩和他的学生；对于一位母亲，可以称赞她很有出息的孩子。

• 用才能和精神来赞美年轻人。对年轻人不妨语气稍为夸张地赞扬他的创造才能和开拓精神，并举出几点实例证明他的确能够前程似锦。

• 用廉洁和清正赞美领导。对于有地位的领导，可称赞他为国为民，廉洁清正……当然这一切要依据事实，切不可虚夸。

**第三招：赞美和推崇他人要适时、适度。**

合乎时宜赞美的效果在于相机行事、适可而止，真正做到“美酒饮到微醉后，好花看到半开时”。当别人计划做一件有意义的事时，开头的赞扬能激励他下决心做出成绩，中间的赞扬有益于对方再接再厉，结尾的赞扬则可以肯定成绩，指出进一步的努力方向。

- 赞美和推崇要把握时机。这种时机主要是：第一，发现对方有值得赞美的地方，就要善于及时大胆地赞美，千万不要错过机会；第二，在别人成功之时，送上一句赞语，就犹如锦上添花，其价值可“抵万金”；第三，向那些因被埋没而产生自卑感或身处逆境的人表示赞美和推崇，给他们“雪中送炭”般的鼓励，可以使其振作精神，大展宏图。

- 赞美和推崇要恰如其分、点到即止。使用过多的华丽辞藻，过度的恭维、空洞的吹捧，只会使对方感到不舒服，不自在，甚至难受、肉麻、厌恶，其结果是适得其反。假如一位同学歌唱得不错，对他说：“你唱歌真是全世界最动听的。”这样赞美的结果只能使双方都难堪，可以换个说法：“你的歌唱得真不错，挺有韵味的。”

## 功课 39

## 记住他人名字，会有意外收获

很多人会有这样的经历：有个看似陌生的人能够直呼自己的名字，不仅会觉得吃惊，同时也有一种温暖的感觉；面对一个见过面的人，却忘记了对方的名字，自己会觉得很是尴尬。所以记住人名不光是记性好不好的表现，还是一种很重要的社交方法。

### 小故事，大启示

吉姆家里很穷，才 10 岁的他就要到一个砖厂去做运砂的工作，把砂倒掉做砖模，再把砖转换方向在太阳下晒干。家里穷得没有多余的钱可以供吉姆上学。但是，他却有一种使别人喜欢他的才华，那就是他拥有记住人名的惊人能力。

吉姆没有进过一所中学，但是在他 46 岁的时候，有 4 所学院已经授予了他荣誉学位，他同时也成为民主党全国委员会的主席、美国邮政总局局长。

记者去访问吉姆，请教他成功的秘诀，他说："努力工作。"记者却说："听说你可以叫出 1 万个人的名字。"吉姆回答道："我能叫出 5 万个人的名字。"

吉姆在一家石膏公司推销产品的那几年开始，他为自己创造了一套记住别人名字的方法。这个方法很简单：就是每次他新认识一个人，他就问清楚那个人的全名、家庭人口、他的职业以及政治观点。他把这些资料全记在脑海里。第二次他又碰到那个人的时候，即使过了1年，他还是能拍拍对方的肩膀，询问起他的妻子和孩子的情况，以及他家后面种的那些植物。

别小看这个才能，罗斯福就是靠吉姆得到了一大群拥护他的人。在罗斯福竞选总统活动开展以前的好几个月，吉姆每天都写好几百封信，给遍布西部和西北部各州的人们。难怪吉姆赢得了这么多支持他的人！

吉姆早年就发现，一般人对自己的名字比对地球上其他所有名字还要感兴趣。记住人们的名字，而且很轻易就能叫出来，等于给予别人一个很巧妙而又有效的赞美。如果把别人的名字忘掉或者写错，你就会处于一种非常不利的地位。戴尔·卡耐基说："一个人的姓名是他自己最熟悉、最甜美、最妙不可言的声音，在交际中最明显、最简单、最重要、最能得到好感的方法，就是记住人家的名字。"因为记住了别人的名字，便可得到别人加倍的努力和尊重，甚至是更多的真情回报。所以，让孩子记住他人名字，会有意外的收获。

## 给父母支招

**第一招：采用各种机会进行重复记忆。**

要清楚地听清这个姓名，介绍之后要立刻重复这个姓名，交谈中尽可能地用到这个姓名，以便在头脑中扎下根来。

• 验证发音。听了对方的姓名后，可以直接重复一遍对方的名字问他自己的发音对不对。即使读的不很准确，对方也愿意耐心地告诉你正确的发音。因为他感觉到了你很重视他，你在努力记住他的名字。

• 请教写法。比如可以这样问："您的姓是弓长张，还是立早章？是彩虹的虹，还是宏大的宏?”

• 谈话中的重复。将关切、礼貌和重复的原则进一步实施的办法是：在同新结交的人谈话时尽可能地提起人名。例如：“王友良先生，请问您对这件事有什么看法?”，“这种想法太棒了，王友良先生”，“您这么体谅我那时的处境，真是太谢谢您了，王友良先生。”

• 内心重复。在谈话的短暂间歇时，留心看看讲话者和听话者，在心里再暗自重复一遍他们的名字。

• 休息时稍加复习。在谈话后休息时间，请花些时间回忆一下刚才与每个人见面的情景，重复他们的名字、拼写、姓氏起源以及发生的有趣的东西，这样就可以在每个姓名的周围建立起可供以后联想的资料。

• 分手时重复。跟人家道别时，最好提起人家的姓名，要知道一件事情的开头和结尾两段是最容易记住的。例如：“再见，王友良先生!”

**第二招：将对方的名字做有趣的联想。**

• 运用谐音来记忆名字。例如有一个刚见面的人叫“李青齐”，可以记成“你亲戚”。又如：梁晓声——“靓小生”；张达平——“张大嘴巴吃苹果”；朱广林——“猪光知道淋雨”。

• 运用幽默诙谐的意义进行联想。比如：于跃，可以想象成“鱼儿跃出水面”；李志光，可联系为“十八个儿子立志要光宗耀祖”；司刚明，可联想为“司马光刚刚明白自己做错了（砸缸砸错了）”。

**第三招：仔细观察对方的面貌，以免“张冠李戴”。**

记住一个人的面孔往往比记住他的名字容易，所以我们可以利用这个优势，通过对方的相貌记忆对方的名字。要把对方的面貌和名字对应起来，关键是与对方谈话时正视对方，寻找对方脸部的特征。与对方谈话时正视对方不仅是对对方尊重，而且还可以让对方记住自己。要寻找对方与别人不同之处，主要是仔细观察对方五官的具体样子，如有一双浓眉大眼，眼角还有一颗痣，而非“大眼睛”这样的泛泛之谈。例如，一位女士飒爽英姿，剪着短发，仿佛像个男生似的，她的名字叫“若男”；有一位先生长着四方脸，而且常常满脸通红，像会给人带来大吉大利的福气一样，他的名字叫“王大吉”。

## 功课 40

## 与异性交往，必备的生活经验

父母面对孩子与异性交往，尤其是进入青春期的孩子，就神经过敏似的，如临大敌。例如：接到儿子女同学的电话，就一个劲地审问孩子，好像男女同学打个电话是罪大恶极的事。尽管现在年轻的父母似乎比之前的父母更加开放，但是他们往往是理论上支持，实际上反对，遇到具体情况就千方百计地阻止。这样一来，只会把事情越弄越糟，影响了一个纯洁少年的健康成长。

### 小故事，大启示

张妈妈是个传统的女人，几年前她离了婚，一个人带着17岁的女儿过日子。张妈妈希望女儿能够考个好大学，平时对女儿管教严格，可是没想到女儿竟然背着她交男友。

张妈妈通过向老师、同学了解情况，还特意跟踪女儿，终于有一天，她发现女儿偷偷和男生在公园里约会。张妈妈不顾在大庭广众之下抓住女儿，狠狠地骂了那个男生和女儿，然后生拉硬扯地把她拖回家。女儿觉得自己丢脸丢大了，从此对妈妈像对敌人一样，整天不跟妈妈说一句话，学习成绩也直线下降。

张妈妈没办法了，只好求助于心理医生。在心理医生的指导下，张妈妈开始主动与女儿倾心交谈，这才了解到女儿的孤独和烦恼。原来，女儿跟那个男生相约在公园，是因为那个男生由于刚刚遭遇家庭解体而变得很消沉，女儿是因为同病相怜而去安慰他，他们也因此成为谈心的朋友。妈妈觉得自己做错了，很是后悔，于是主动向女儿道歉。女儿知道妈妈的良苦用心，也表示今后要好好读书，请妈妈信任并尊重自己。之后，张妈妈特地请那个男生来家里吃饭，真诚地向他道歉，共同分享自己的心事。

从此之后，女儿和那个男生的来往渐渐地减少了，电话里谈论的也多是学习问题。经过半年的努力，女儿度过了这段感情危机期，每天快快乐乐地上学，学习成绩也稳步提高。

张妈妈对于女儿与异性交往的行为过于敏感，从而做出了过激的行为，这是有损孩子纯洁的心灵的。进入青春期的孩子，开始关注异性，并希望得到异性的友谊是一种正常的心理现象，也是孩子成长的表现。异性交往是人际交往的重要内容之一，也是青少年成长中的必修课和应掌握的生活技能，无法回避，也无法靠简单的“禁令”而绝对禁止。孩子与异性交往可以互相学习、取长补短，提高自己的智力水平；可以获得在同性朋友交往中所没有的情感交流和感受；可以丰富孩子的个性。这些就是心理学上的“异性效应”。所以，父母应该改变观念，正确引导孩子与异性交往，因为与异性交往是孩子必备的生活经验。

## 给父母支招

**第一招：父母要改变观念，以免误导孩子。**

父母经常对“青春期”的异性关系存在很多偏见和误解，首先要摆脱这些错误的观念，树立正确的指导思想才能科学地教育孩子。

- 孩子的主要任务不只是学习，与异性交往也是不可缺少的经验。“人是社会关系的总和”，小孩子也是需要交往的，不让他与异性交往反而会刺激他们的好奇心或者逆反心，偏要与异性混在一起。

• 中小学生的心理成熟需要在实践中摸索和提高。事实上，一个没有学会与异性交往，没有达成异质社交性的人很难说是一个成熟的人。孩子的心理成熟不可能靠坐等得到，与异性交往的技能也只能在实践中去摸索、去提高。

• 与异性交往并不会分散精力，影响学习。许多因与异性交往而影响学习成绩的孩子，真正的原因是承受不了教师和父母的过度反应而带来的巨大精神压力。研究发现，一个与异性交往很成功的人，往往情绪饱满，精力充沛，学习和工作的效率都很高。

• “早恋”很多时候只是父母制造的、到处乱贴的标签。心理学研究已经表明，异性交往的动机是多种多样的，两个少男少女单独在一起，可能是在讨论学习问题，也可能是在交流对一些事情的看法，如果被迫贴上了这个标签，两个孩子就有嘴难辩，外界的压力甚至可能迫使他们真的谈起恋爱来。

**第二招：引导孩子广泛交往，在交往方式上保持公开性。**

• 交往范围要广泛，有利于更多地认识和了解异性。如果把目光集中在某一个异性同学身上，那样不仅容易使自己想入非非，而且会一叶障目，无法领略更多异性身上的风采。多交往一些人，多结识一些异性，多参加一些男女同学的集体活动，这是每个孩子应注意的。同时，广泛接触朋友，还包括同性伙伴。

• 交往中保持公开性，交往程度宜浅不宜深。校内也好，校外也好，与异性同学交往应公开进行，不要偷偷摸摸、羞羞答答，“犹抱琵琶半遮面”。因为事情越“保密”，别人就越好奇，越容易引起误解。如果女孩子打电话给男孩子，一听是大人接电话的声音就挂断了，不是很容易让人疑心吗？再有，也该注意一般情况下最好不与异性同学单独相处很长时间。当然，讲公开性也不是说什么时候都拉个“证明人”。

**第三招：引导孩子把握与异性交往中的尺度，以免落入“早恋”的陷阱。**

• 交往关系要疏而不远，把握两人交往的心理距离。与人交往，不论同性异性都从喜欢或不讨厌对方开始。而男女同学之间的交往，更是以情感上的相互吸引为基础的，但要保持适度，应教育孩子不要投入太多的感情，不要痴迷于对方，只能把对方当作朋友。摆平了自己与别人的位置，情感也就不至于向对方倾倒。如果在交往中发现对方的苗头不对，要调整自己的态度，使交往回复到波澜不惊、心静如水的状态，这样更有利于成长。

• 在交往中保持距离感。男女同学在一起总不免谈天说地，甚至追逐打逗，这很正常。但应与异性伙伴保持适当距离，既要热情、亲切、随和、融洽，不拒人于千里之外，又要把握好分寸，疏而不远。比如：男女同伴一起开玩笑不要忘乎所以，谈话应回避敏感的话题，打逗时举止不要放肆忘形等等。这样，你们会切身感受到，由于保持了距离，彼此尊重，友谊才会回味无穷。

**第四招：学会与异性交往中应该注意的基本礼仪。**

如果是男孩子的话，作为父母可以这样指导他：

• 学会绅士风度。在生活当中，很多时候女性被视作弱势群体，所以“男子汉”们要学会谦让保护女士。比如走在马路上时，男孩子应该走在靠车行道的一边；进出门时，男孩子要给女士开门让女士先进先出等等，可以让孩子从“照顾”妈妈开始训练他的绅士风度。

• 不要太严肃。太严肃让人不敢接近，望而生畏，可以不失时机地表现一下幽默感，这样比较容易受欢迎，但不要发展成油腔滑调。

• 没必要过分拘谨。在和女孩子的交往当中，该说就说，该笑就笑，需要握手就握手，这都是很正常的，要是忸怩的话反而让人家讨厌。当然，要是过分随便的话，一定会把女孩们吓跑。

如果是女孩的话，父母要让她们务必注意与男子交往保持的尺度，做到既能展现女孩子的魅力又能避免吞食苦果为最好。

• 不要总是不理不睬。虽然在交往当中一般都是男性采取主动，但是如果女孩子一直不理不睬的，保持着“冰山冷美人”的形象，不用多久，就没有男孩子敢接近了，就会变得冷冷清清。

•不要过分热情。如果女孩子在交往当中表现得过分热情，就会让对方觉得是轻佻之人，往往会产生非份之想，不利于正常交往。

•要保持警觉。“食色，性也”，很多男人都有好色之嫌，所以女孩子要时刻保持警觉性，这样才能及时发现色狼的不良动机，采取防御行动。

# 功课 41

## 把握适当距离，交往的智慧

很多孩子会有这样的困惑：跟异性同学的距离过于接近，会被误会为早恋，离得过远，又可能会被误会为性格孤僻；跟老师过于亲密，会被误会为师生恋，可是见面不打招呼，则会被误会为不尊敬老师……孩子与同学、老师、亲人、密友等人群的距离及将来在工作场合的社交距离，如果把握不好，可能带来很多不必要的麻烦。

### 小故事，大启示

小林是一位干练的女子，她在一家公司担任项目经理。小林工作业务上简直是得心应手，但是在人际关系上，她却一筹莫展。

小林觉得，自己与同事们很难相处，看似平静实则冰冷、看似安宁实则紧张的气氛凝聚在办公室的上空，人际关系呈现危机，没有交心朋友。一个项目的完成需要团队的合作，但她觉得自己是游离在这一团队之外的一分子，感到极度的孤独。小林因此十分焦虑，她还因为与同事相处不好而变换了几个单位，可是情况没有一点改变。

小林没有办法，只好求助于心理医生。原来，在当今提倡“团队合作文化”的社会里，小林却不懂得如何处理人与人之间的关系，不会拿捏交往中的距离。小林性情急躁，遇到事情时，控制情绪能力严重不足，部属稍有差错，不听解释就大发脾气，喜欢推卸责任，经常出现尴尬的局面，紧张空气弥漫。在叙述团队事件中，她用了很多“我”，却很少用“我们”；对同事，缺少必要的信任度，总是强调自己的作用，似乎“我”就是中心，就是核心。小林似乎觉得既然自己是团队的经理，就应该处于高高在上的领导地位。小林的这种做法使她很难拉近与同事们的距离，在同事们眼里，她就像是冰山一样。

而对于上司，小林很爱表现，常常围着上司转。她的同事都觉得她是一个只靠拍马屁上位的人；而她的上司觉得小林对自己的关心和问候超越了普通上下属关系，所以越发对她不满。就这样，随着小林与同事和上司的矛盾不断增多，也使他们的心理距离越来越大，因此心理困扰也就在所难免了。

小林没能把握好自己与同事以及与上司之间的距离关系，这使她在工作上处于困境。人与人之间，既不能没有距离，也不能距离太远。距离近了，没有了个人隐私，就会使人浑身不自在；人也不能距人于千里之外，这显得孤僻、冷漠，也使自己孤立于人，难免孤单、寂寞。恰当的距离应因人设定，好朋友，可以分享的信息和感情多一些；一般的朋友，则可以分享的信息和感情少一些。人际交往的模式各不相同，熟悉它也需要智慧和时间。所以，让孩子学会处理与身边人群的交往距离，能使他拥有宝贵的交往智慧。

## 给父母支招

一位心理学家做过这样一个实验。在一个刚刚开门的大阅览室里，当里面只有一位读者时，心理学家进去拿椅子坐在他或她的旁边。试验进行了整整80个人次。结果证明，在一个只有两位读者的空旷阅览室里，没有一个被试者能够忍受一个陌生人紧挨自己坐下，更多的人很快就默默地远离到别处坐下，有人则干脆明确表示：“你想干什么？”这个实验说明了人与人之间需要保持一定的空间距离。

**第一招：认清社会交往保持距离的基本准则，做好把握分寸的准备。**

- 尊重别人的隐私。不论多么亲密的人际关系，也应彼此保留一块心理空间。人们总以为亲密的人际关系特别是夫妻之间、父母与子女之间似乎不应当有什么隐私可言。其实越是亲密的人际关系越是要尊重隐私。这种尊重表现为不随便打听、追问他人的内心秘密，也不随便向别人吐露自己的隐私。过度的自我暴露虽不存在打听别人隐私的问题，却存在向对方靠得太近的问题，容易失去应有的人际距离。

- 要有容纳意识。容纳意识要求我们尊重差异，容纳个性，容纳对方的缺点，谅解对方的一般过错。“水至清则无鱼，人至察则无徒”，意思是说：清澈见底的水里面不会有鱼，过分挑剔的人也不会有朋友，没有容纳意识，迟早会将人际关系推向崩溃的边缘。

- 要懂得运用距离效应。距离效应是指由于时间的阻隔，彼此间有了距离；一旦把距离缩短，重新相聚，双方的感情会得到最充分的宣泄。

- 距离有时是情感的添加剂。有时距离的存在也能给人以美的享受。因此，应当培养自己拉开一定距离看他人的习惯，同时也不要时时刻刻把自己的透明度设置为百分之百。内心没有隐秘足显自己的坦荡，但因此失去了应有的人际距离，无形中为以后的人际矛盾种下祸根，这就不是明智之举。

**第二招：根据人与人之间的亲疏关系来衡量应保持的适当距离。**

心理学中人际距离分为四种：亲密距离，例如父母与子女之间或爱人之间的距离，其中尤以爱人之间最为亲密，人际距离最小；熟人距离，指朋友之间的距离，比亲密距离要大一点；社会距离，指仅仅是彼此相识的人相互之间的距离；公众距离，指陌生人之间的距离及上下级之间的距离。不同的人际关系，有其相应的空间距离，我们在交往的时候，必须切合实际地分析自己与交往对象的关系密切程度，从而把握好适当的空间距离。

• 亲密距离可以是人际交往中的最近的间隔，用于非正式社交情境。亲密距离的近范围在6英寸（约15厘米）之内，彼此间可能肌肤相触，耳鬓厮磨，以至相互能感受到对方的体温、气味和气息；其远范围是6英寸~18英寸（15厘米~44厘米）之间，身体上的接触可能表现为挽臂执手，或促膝谈心，仍体现出亲密友好的人际关系。

就交往情境而言，亲密距离属于私下情境，只限于在情感上联系高度密切的人之间使用。在社交场合，大庭广众之前，异性之间如此贴近，就不太雅观。在同性别的人之间，往往只限于贴心朋友，彼此十分熟识而随和，可以不拘小节，无话不谈。因此，在人际交往中，一个不属于这个亲密距离圈子内的人随意闯入这一空间，不管他的用心如何，都是不礼貌的，会引起对方的反感，也会自讨没趣。

• 个人距离以较少直接的身体接触为宜，用于非正式社交情境。个人距离较亲密距离应稍有分寸感，与熟人交往的空间是近范围，以1.5~2.5英尺（46~76厘米）为宜，正好能相互亲切握手，友好交谈。个人距离的远范围是2.5~4英尺（76~122厘米），任何朋友和熟人都可以自由地进入这个空间。在通常情况下，较为融洽的熟人之间交往时保持的距离更靠近远范围的近距离（2.5英尺）一端；陌生人之间谈话则更靠近远范围的远距离（4英尺）端。

• 社交距离用于超出了亲密或熟人的人际关系，体现出一种社交性或礼节上的较正式关系。社交距离的近范围为4~7英尺（1.2~2.1米），一般在工作环境和社交聚会上，人们都保持这种程度的距离。社交距离的远范围为7~12英尺（2.1~3.7米），表现为一种更加正式的交往关系。在社交距离范围内，说话时要适当提高声音，需要更充分的目光接触。如果谈话者得不到对方目光的支持，他会有强烈的被忽视、被拒绝的感受。这时，相互间的目光接触已是交谈中不可或缺的感情交流形式。

• 公众距离是用于公开演说时演说者与听众所保持的距离，是能够容纳一切人的“门户开放”的空间。公众距离的近范围为12~25英尺（约3.7～7.6米），远范围在25英尺之外。在这个距离的交往，大多是当众演讲之类，当演讲者试图与一个特定的听众谈话时，他必须走下讲台，使两个人的距离缩短为个人距离或社交距离，才能够实现有效沟通。

## 功课 42

## 选择，无所谓对与错

孩子的一生会面临无数大大小小的选择，父母常常害怕孩子会做出错误的选择，于是就代替孩子做出选择。可是很多时候，这样做不是孩子的本意。当孩子慢慢长大了，要自己做出选择的时候，他们常常犹豫不决，而且一旦做出选择就后悔。这是因为，他们从来没有尝试过自己选择所带来的欢乐或者痛苦。

### 小故事，大启示

在美国出生的小托尼，从小就对汽车着迷，父母为了让他保持这个爱好，总是尽力满足他的收藏需求，经常给他买回各种各样的玩具车。父母认为，这个爱好对他的成长是有益的，所以毫无保留地支持孩子的兴趣，并和孩子一起分享着这种快乐。

一天，托尼和妈妈逛街，他又看中了一辆蓝色的新玩具车，妈妈满足了他的愿望。托尼拿着新玩具兴冲冲地往家里走，他们在家门口碰到了邻居鲍伯、米丽等小朋友。托尼于是带着新“车”和朋友们一起去玩了，妈妈千叮万嘱叫他不要把小车弄丢了。

当孩子兴高采烈地回到家里时，手中的汽车竟然变成了一张小卡通画片。妈妈看了当然不乐意，因为一辆汽车的昂贵价钱是一张小画片远远比不上的。妈妈刚想责问孩子，但是她迫使自己忍住了，并平静地向孩子了解小汽车的去向。

原来，托尼见朋友们每人都有一张卡通画片，也很想要一张，于是决定将手中的小汽车与别人的卡片相交换。托尼并没有为失去汽车而感到沮丧，反而显得很高兴。妈妈没有责备孩子没有价值观念，而是不动声色地说：“这张小卡片真精致！”

过了几天，托尼把自己心爱的小车排成一排来欣赏，妈妈在一旁说道：“要是那辆蓝色的小车也和它们排在一起，该多好呀！”见孩子的心态平和，妈妈才向孩子说明卡通画片与小车的不同价值，至于该不该用车换卡片的问题就由孩子自己去思考了。

托尼的妈妈虽然心疼孩子失去了那辆汽车，但这也只是她的感受，所以她尊重孩子的选择，不去责骂孩子，更不会逼迫孩子把汽车换回来。妈妈精明地找到孩子心态平和的时机，让孩子明白汽车与卡片并不等值。孩子做的选择也并没有错，因为也有“千金难买心头好”的时候。当孩子了解两种东西对自己而言哪一种更重要时，在下一次选择中，他一定会再三考虑。所以，父母单方面认为孩子的选择是错误的时候，也该换个角度来思考，因为选择无所谓对与错。

## 给父母支招

**第一招：摆正面对选择的心态，正确引导孩子做出较合理的选择。**

儿童教育专家通过对现代世界上最有影响力的百名成功人士的调查发现：幼儿时期做决定的能力有可能会影响他的一生，善于做决定，会使他们更有判断力和决断性。身为父母，要做的是帮助孩子做决定而不是代替孩子做决定，这需要一点点技巧。

● 为孩子提供多种选择。当孩子面对两件事不知道怎么办时，父母可以先让孩子说出自己的选择，并要他们说出理由。如果孩子的选择与父母的意愿相反，父母这时可以说出自己选择的理由，为孩子作最后的选择提供参考。最重要的是，父母可以推荐可供选择的多种可能性，让孩子做最后的选择。例如，两个孩子争着要赠送的气球，一个说喜欢红色的，另一个也想要红色的，可是没有了。这时父母可以跟另一个孩子说："你平时不喜欢白色的，那要粉红色那个好不好?"

• 给孩子完全自主的选择。尽管父母苦口婆心地要说服孩子做出比较合理的选择，但是孩子却将信将疑，因为他们和成人一样，需要经过自己的尝试来获得经验。所以，在父母确定孩子可以承受时，给他决定权，让他尝试照自己的想法去做。如果孩子失败了，要对他讲明失败的原因，而不是说："看，我早说了吧，都是你不听话。"

• 增强孩子做选择的意识。其实在孩子还未能用语言表达自己的意愿时，他们就开始有了选择的意识，如在许多伸出的手臂中，他们只奔向妈妈；把玩具堆在他们面前，他却不理不睬地爬向门口，告诉父母"我想出去玩"；当他们开始说话时，还经常会说"不"……选择与决定始终伴随孩子成长，做父母唯一可以做的是维护孩子选择的权利，以及增强他们选择的能力。例如，选择哪种玩具，选择先做功课还是先看电视，甚至去哪里度假都应该让孩子说出他们的选择。

**第二招：在孩子独立做选择时，引导孩子在选择前做一些必要的准备。**

• 在做选择之前，问问自己的内心，我要的是什么。

• 尽量让头脑保持清醒，做出正确的判断，每一种选择可能带来的结果是什么，让自己心中有数。

• 问问自己，这两种结果，哪一种是自己愿意接受的，哪一种是不愿意接受的，甚至会让自己感到难过的。

• 如果做出了选择，想一想在面对结果的时候，自己会不会后悔没有选择另外一个，如果不会后悔，那么你的选择就是正确的，如果可能会后悔或者感到遗憾，那么，你的选择就是错误的。

• 找一个自己最信赖的长者，要比自己有阅历、有智慧，并且他也了解你，把自己的情况说给他听，听一听他的建议。

• 听从心灵的召唤，一定要自己做出选择，别人说得再多，也是别人的立场，别人的建议可以听，但决定还要自己做。

谢”；初次见面为“久仰”；很久不见为“久违”；请人批评为“指教”；麻烦别人称“打扰”；求给方便为“借光”；托人办事为“拜托”……要努力让孩子养成使用敬语的习惯。

•与人交谈时要注意态度诚恳、亲切；声音大小要适宜，语调要平和沉稳。交谈时要正视对方，认真倾听，不能东张西望、看书看报、面带倦容、哈欠连天。否则，会给人心不在焉、傲慢无理等不礼貌的印象。还要注意站姿和坐姿。

•让孩子注意自己的仪表。仪表是指人的容貌，是一个人精神面貌的外观体现。仪表首先要卫生，清洁卫生是仪容美的关键，是礼仪的基本要求。其次是注意服饰，它不但要与自己的具体条件相适应，还必须时刻注意客观环境、场合对人的着装要求，即穿着打扮要优先考虑时间、地点和目的三大要素。父母要教育孩子衣着得体，整洁朴素、美观大方。男孩子不留长发；女孩子不烫发，不化妆，不穿高跟鞋，不要配戴成人的首饰。这就要求父母首先在这方面要有一定的修养，并给孩子做出最好的示范。如，房屋装饰、色彩要力求简洁、雅致；父母衣着款式要大方，色彩要适宜，并经常保持整洁，让孩子从自己生活的环境和父母的衣着上，逐渐懂得一些审美概念，从而帮助他们理解和掌握最基本的仪表礼仪。

•让孩子正确使用体态语言。正确的体态语言可以显示孩子良好的家庭教养和行为习惯，所以父母要让孩子从小掌握一些正确的体态语言。如，迎接爷爷、奶奶、叔叔、阿姨、小朋友时要面带微笑，送别他们时要伸臂摆手；与小朋友合作或言和的时候要紧握对方的手等。

•让孩子辨别该说和不该说的。父母要引导孩子不要去打别人的“小报告”，也不要去表白自己有多好。例如：“妈妈，我把自己用的碗筷都收拾好了，姐姐却不收拾她的。”而当孩子看到哥哥或妹妹所做的事对人对己不利，或者有危险，甚至可能触犯法律时，就一定要说。例如：“妈妈，我真担心亮亮。我知道每天下午放学后他就与朋友们一起喝酒。当你下班回家时．还以为他在房间里写作业呢。其实他不是在写作业，他呆在房间里是不想让你发觉他已经喝过酒了。”也有些孩子非常不喜欢在背后谈论朋友或是兄弟姐妹，越是严重的问题，好像越是难于启齿，可是这样也往往造成严重的后果。

**第二招：教导孩子在居室中也要注意日常礼仪。**

• 在家中管好自己的物品，也要顾及他人的物品。让孩子知道，每个人都有自己的隐私，即使不是隐私，也需要有完全属于自己的物品和空间，所以在管好自己物品的同时，更要注意顾及他人的物品。例如，不要自以为父母会同意自己借用他们的手套，就觉得用不着再多此一举打招呼了。也许父母会让你用他们的手套，可孩子要尊重父母，记得告诉父母是自己拿了他们的手套。

• 注意控制好电视和音响的音量。将电视和音响的音量控制好，不仅是体谅家人的表现，也是做到不影响邻居的表现。能使用耳机的小收音机、录音机或是光碟机是避免室内噪音的最好选择。另外，在别人面前戴着耳机听音乐，就表示自己不愿意让他人介入，如果真是这样，最好找一个没人的地方独自听。还有，没人看电视或听音响时，要把电视或音响关掉。

• 保持居室整洁人人有责。如果有朋友来家里玩，看到洗手间到处挂着脏衣服；如果爸爸的同事来家里取文件，看到鞋子东一只，西一只的，客人简直无从下脚……这些情形都会令客人感到对他的不尊敬。尽管觉得自己的房间只是自己用的，但是保持好居室环境的整洁对于一个人的健康是有益的。

**第三招：引导孩子注意迎宾待客和探亲访友的基本礼仪。**

• 对待来访的客人要亲切和热情。有客人来了，父母要教导孩子面带微笑，起立主动问好；对客人的提问，必须认真回答；要孩子以小主人的身份热情招待客人，为客人端茶送水；在父母与客人交谈时，不要随便插嘴、吵闹；不对客人评头论足，不要讨要礼物；客人临走时，也要孩子送至家门口，说："再见，下次再来！"当有小客人时，大方地拿出玩具和小客人一起玩，会让小客人格外开心。

值得父母注意的是：当着客人的面，千万不可责怪孩子，这会让客人难堪，孩子恼怒。不要当着客人和孩子的面将自己的孩子与别人的孩子作比较，这样会损伤孩子的自尊心和自信心。

•在探亲访友中要注意客气，但不要拘束。父母可在去做客的路上，以交谈的方式对孩子进行礼仪教育，这常常是十分有效的，因为这时父母说的话，孩子听得进，记得牢。父母应告诉孩子要去哪里，怎样称呼主人，并介绍他们与父母的关系，与孩子的关系；鼓励和启发孩子想出一些祝词，向主人致以问候；在父母指导着孩子按了门铃之后，要和孩子在门口安静地等待主人开门；进门后，父母要引导孩子在问好之后主动把脱下的鞋子放整齐；当主人端上糖果糕点、茶水时，应先道谢，然后用双手去接；告诉孩子不要随便玩弄主人家的摆设和物品，更不能任意开柜子门、冰箱等；如果想玩玩具或看书，一定要经过主人的同意；在自己玩时记住不要打扰大人谈话，玩过之后，让孩子把东西放好。

考虑到主人可能会留客吃饭，父母也应提前对孩子进行餐桌礼仪教育，让孩子吃出“文雅”来，要小口进食，闭起嘴咀嚼，不要发出声响来；挟菜、舀汤时动作要轻，不要光挟自己爱吃的菜，也不要对菜的味道评头论足；不管菜是否好吃，都应该礼貌地称赞主人煮的菜好吃；提醒孩子临走时应向主人道谢，说“再见”。

**第四招：引导孩子在公共场所要注意文明举止。**

•在公共场所要保持优雅的举止。孩子在公共场所的文明举止，既显示出个人的修养，也反映出家庭的教养水平。男孩子的举止应具有阳刚之美，要自然大方，从容不迫，谈笑自若，不要装腔作势；女孩子的举止应该优雅得体，尽可能显示出女孩子温柔可爱、轻盈大方的天性。父母要经常利用各种可能的机会对孩子进行教育，如在电梯门口，看见先生给女士让路，父母可以告诉孩子这就是一种文明举止，是男孩子应具备的阳刚之美；饭店里，看见服务小姐举止优雅、热情大方地招待客人，父母可以告诉孩子这就是一种文明举止。

•在公共场所不能大吵大闹。现在很多孩子因为买不到他们想要的玩具，就在商场撒野，大哭大闹，一定要父母给他们买。这是一种很没有教养的表现。要想避免这种情况，父母要做好预防工作，出门前跟孩子说好外出的规则，不管遇到什么情况都不要大吵大闹，否则就不带孩子出门。父母带孩子进入电影院和图书馆时，要注意引导他们万不可大呼小叫，笑语喧哗，演出结束后应有秩序地离开，不要推挤身前的人；乘公共汽车要主动给儿童、老人及病残者让座……

**第五招：及时纠正孩子的不良礼仪行为。**

- 温和惩罚法。对孩子的不良行为明确表示责备或不赞成，注视孩子的眼睛，说清不对在哪里，为什么不对。
- 暂时隔离法。在孩子因不良行为产生快乐时，让孩子到一个单调乏味的地方，时间以 1 分钟为原则，使其从快乐状态转为不快乐。
- 自然惩罚法。以不危险为前提，让孩子在实施不良行为的过程遭到自然的惩罚。例如，如果孩子在电影院大声叫喊，管理员就会过来进行干涉，如果还不遵守，就会被赶出门外。
- 权利剥夺法。暂时剥夺其权利对纠正孩子不良行为很有帮助，如对于孩子嚼口香糖后乱丢的行为，剥夺其一星期吃口香糖的权利。

## 功课 44

### 承担点家务

许多父母在孩子小的时候总是舍不得让他们做家务，等到孩子长大了，父母认为孩子应该承担点家务的时候，才开始指挥、吆喝孩子做这做那，结果发现孩子不愿意参与家务。追根究底就是没让孩子养成做家务的习惯。

### 小故事，大启示

刚和父母吃完饭的小雨急于想找点事情来做，以表示自己高兴的心情，于是跟妈妈说："妈妈，我来帮你洗碗吧。"妈妈劳累了一天，听到小雨能主动提出洗碗，当然很高兴："好啊！可是有一条，你今天洗碗了，以后的碗可都要归你洗了。"小雨兴趣来了，并没有考虑妈妈话中"以后"两个字对她来说意味着什么，她毫不犹豫答道："没有问题！"

小雨虽然已经看妈妈洗碗很多次了，但是真正自己动起手来还是第一次，一不小心，手一滑，碗就落到水池边上的水泥台上，碎了。小雨吓得差点哭了出来，一直说："对不起！"一直在一旁关注小雨的妈妈并没有太大的反应，毕竟这是女儿第一次洗碗，她只是鼓励小雨说："没关系！小雨，你做得很好，继续！第一次，谁都一样，关键要逐步掌握要领，集中注意力。"妈妈的鼓励使小雨重新振作起来。

小雨洗碗次数多了，渐渐熟练起来，甚至闭上眼睛也可以把碗洗得很干净，但是洗碗的那股新鲜劲和耐心也逐渐消磨殆尽。

终于有一天，小雨向妈妈撒娇："妈妈，今天我不想洗了！"

"随你的便，但是可别忘了你答应过妈妈什么。"

"可是还有没用过的碗，我明天洗行吗？"

"洗碗是你的事，你自己决定吧！"

"洗碗没劲，妈，我换个活干干吧！"

"不行！干完再说。而且你答应过的事，就一定要做好，这是你的责任。"妈妈这次回答得很严肃。

小雨的招都使尽了，妈妈还是没有半点要松口的意思，于是小雨开始罢工了。而爸爸妈妈依然像往常一样只管煮饭，洗碗的事就交给小雨。几天过去了，厨房的碗堆了半尺高，筷子也掉到地上了，可爸爸妈妈稳坐钓鱼台，没有碗就等着好了，反正一时半会也饿不坏。小雨终于发现自己的罢工行动无效，只好继续干自己的洗碗活儿。

如果换作其他父母，很可能在孩子再三撒娇之下，自己做出让步，把好不容易养成的好习惯又打回原型了。可是小雨的妈妈通过斩钉截铁地要求孩子坚持洗碗这件事，让孩子养成了做家务的好习惯，并从中体会了做人要有责任感的道理。有人统计，我国中小学生中有 78% 的没有煮过饭，也不会煮饭；有 72% 的没有洗过衣服，也不会洗衣服。要改变这种状况，父母必须要让孩子学会做家务劳动。国内有人调查发现：在家常常做家务劳动的孩子，心理问题较少，学习自觉性和责任感较强。孩子在动手做事情的过程中，手的动作是在脑的活动支配下进行的，是孩子的观察、注意等能力的综合运用。同时，手的动作又刺激脑的活动支配能力，促进观察、注意等能力的发展。所以，让孩子承担点家务，是孩子日常生活的"头脑体操"。

## 给父母支招

孩子学会做家务，既能让大人省心省时省力，又能对孩子自身的发展起到促进作用，听起来是件一举两得的美事，可想要让它变为现实，的确需要足够的耐心、时间，当然还得有适宜而巧妙的方法。

**第一招："自己来"，依孩子年龄做家务。**

对于孩子来说，"家务"的范围并不是和大人所想的家务范围一样，而是还包括孩子的生活处理能力。例如，吃饭时可以给孩子一个大小合适的勺子，开饭时先给孩子盛一碗，鼓励孩子"自己吃"，想吃什么菜就自己取；煮好的鸡蛋别忙着帮他剥好，鼓励他自己设法剥蛋壳；让孩子自己穿衣服、整理玩具、叠被子、打扫自己房间等……如果父母未能在孩子的关键时期培养他们良好的承担家务能力，孩子将会对自己的能力产生怀疑，在人格的发展上也会出现问题。

• 要尽早教育。一般说来，1 岁以前的婴儿，可以让他自己拿汤匙吃饭，拿拖鞋或递物品给大人，收集垃圾、把衣服、玩具放进篮子里等；两岁的幼儿可以让他擦桌子、练习洗自己用过的盘子、杯子，在限定的空间范围内扫地、擦地板，或将同样式、同颜色衣服叠好放在一起、将垃圾丢进垃圾桶内等；3 岁的孩子可以训练其将用过的毛巾、牙刷挂好、放整齐，清理自己吃完饭后的桌面；4 至 5 岁的孩子能理解一些简单指令，做些跑腿活、整理玩具、穿衣、收拾用过的碗盘等家务；7 岁的孩子已能担当起家庭的职责，父母可安排孩子干些能出色完成的活儿，如倒垃圾、打扫房间、洗碗盘等……但要注意，不应该要求孩子去干过于复杂的活儿，以免孩子无法完成，丧失信心。

• 要有实事求是的标准。成人干家务活当然比小孩强得多，但要避免包办代替。父母可提供指导意见，但不要急于制止孩子干活。如果孩子一定要按自己的意志从事，父母也不必横加干涉。当孩子干事不尽力时，父母就可坚持要他认真重做一遍，并可给他制定一个适当的标准，绝不要责骂不休。

• 干家务活要适度。不要让孩子干太多的活儿，使孩子疲劳不堪，这样会影响孩子的学习、社交和身心健康。

**第二招："帮帮我"，满足孩子的社会情感。**

奥地利著名心理学家阿德勒认为，孩子和成年人都有一种连接他人的愿望——在与他人的相互合作中，履行自己的职责，使自己成为一个对社会有用的人。这种社会感情每个人生而有之。而孩子由于生理上的不成熟，需要得到成人的照顾，当孩子和成人形成了紧密依恋的情感之后，他们常常希望能够通过自己的行动，让自己依恋的成人高兴，进而使成人更喜欢自己。所以，当孩子能够稳当地走路之后就可以向他们发出"帮帮我"的邀请，这时孩子不仅不会拒绝，反而会非常高兴地接受。

比如，下班回到家，邀请孩子"宝贝，帮爸爸把拖鞋拿过来"；在厨房择菜时，邀请孩子"宝贝，帮妈妈拿个小板凳吧"，孩子会乐颠颠地跑去完成任务。如果父母给孩子一个大大的拥抱或称赞作为回报，那他们就会感到无上的光荣。

**第三招："一起做"，改变孩子懒惰的坏习惯。**

道德取向上，处于儿童期的孩子是最利己者，要想让他们懂得利他，父母就必须引导孩子看到在利他行为中会有利己的成分。所以，对于五六岁的孩子，在他大部分事情能够自己独立完成时，就应该也是他承担一些公共家务的时候了，如拿报纸、倒垃圾、晾晒和收取衣服、准备晚餐等等，当成人忙得不可开交的时候，别忘了叫上孩子"一起做"，而不是"一边玩去"。如果孩子不愿意做，那么父母可以这样分析给孩子听：如果你来帮忙做这些家务，那么大人就可以省下做这些事情的时间，更多地陪你玩；反之，你就只有等大人将所有的事情做完。这就是"帮人等于是帮自己"的道理最直观的体现，也就是让孩子知道有一种使大家都满意的"双赢"的结局。对于那些极少做家务的孩子，父母可以从现在开始陪孩子做四件简单的家务事：

• 和孩子一起打扫卫生。孩子的房间要让孩子自己整理，父母要孩子与自己一同拖地、打扫、擦桌子和去墙灰。

• 和孩子一起进厨房。父母和孩子一起择菜、洗菜、切菜；通过手把手指导，教孩子学会淘米，煮饭，能烹饪简单的家常菜。这样有利于提高孩子独立生活能力。

• 和孩子一起洗衣服。主要在双休日，父母洗衣服时把孩子带着，并指导如何动手操作，可以教孩子先洗小件衣服，然后再洗大件衣服。

• 和孩子一起买菜。双休日父母可以带大一点的孩子到菜市场上一同买菜，钱可以放在孩子身上，教他跟菜主讨价还价，并能识别蔬菜的好坏。这样做，能让孩子学会正确花钱，养成勤俭节约的习惯，还能使他们接触社会，了解社会，增长社会知识。

**第四招："看妈妈"，做家务的同时获得知识。**

三四岁的孩子就可以做"真正的"家务了，帮厨就是一个很好的选择，如摘菜、剥豆、掐尖等就非常适合孩子做。父母可以先在地上铺一张报纸或塑料布，将要整理的菜、盛菜篓、垃圾袋井然有序地摆放好，然后卷起袖子边示范，边用简洁的语句进行补充说明，主要是交代重点、难点和几个步骤，这样的示范可以让孩子体验到做家务也需要动脑筋。接下来可以让孩子和自己一起做，因为做家务是"百见不如一做"的事。在孩子动手的过程中，就可以了解到孩子刚才听懂了什么，没注意到什么，而这些其实都反映了孩子的学习风格和方式，父母可以及时地给予指导。

再大些的孩子就可以让他接触刀具了，当然刀口不能太锋利。父母可以先示范"滚刀块"，这种技术要求不高，边切边强调"主刀手"与"辅助手"的位置关系，然后将刀刃朝里放好，鼓励孩子来试试，他会感到非常兴奋。西红柿、冬瓜、土豆等是合适的原材料。

还有，通过让孩子一起参与从择菜到洗菜的过程，让孩子知道所吃的菜肴需要经过这些步骤才能食用，从学习中教导孩子做家务；通过父母让孩子一起参与洗米、煮饭，告诉孩子舀量，洗米时也可以告诉孩子，这水除洗米外还可以留着做其他用途，如洗菜，让孩子除了参与家务外，还能教育孩子节约概念……总之，父母可以利用家务活中各个细节，让孩子不断增长一些生活常识。

**第五招："听指令"，从指导到独立完成。**

具有一定家务经验的孩子，再学习做新家务时，成人就不必示范了，可改为口头上的指导。这样既锻炼了孩子"听"的能力，又给他留出了自己做选择的空间。如家中养了小金鱼，每天换水的事情自然是交给孩子去做了。在没有鱼捞的情况下，怎么样才能够不使小金鱼受伤，又能将它们倒腾两次后放回盛装了干净水的鱼缸呢？对孩子来说这是个难题。这时，父母就可以发口头指示：先把洗脸池洗干净，塞上塞子；再把鱼缸里的水和鱼一同倒进洗脸池；洗鱼缸；将洗脸池里的塞子拔了放走脏水，然后再塞上塞子注满水；用鱼网捞出小金鱼，倒入足够的水。当然，做指导时不必面面俱到，在孩子实在做不出来的时候给点提示即可。这样，孩子在下一次做类似的家务时，就可以依此类推了。

## 功课45

## 学点生活小窍门，绝妙的生存方式

很多孩子离开了父母之后对于生活中遇到的小麻烦一筹莫展：冰箱里面的东西放太多而有了异味；衣服粘到油渍了；被水烫到手了……因为在家里的话，遇到麻烦，只要叫一声父母，他们必定第一时间跑来帮忙。生活中处处都是学问，只要平时多加留心，多看报刊、电视，多请教父母，面对这些小麻烦就可以省时省力地做好了，用不着事事靠父母。

### 小故事，大启示

生活中有很多琐事，于是人们总结出生活中的一些经验，好的、省事的，就称为窍门。因为琐碎，所以就叫小窍门。尽管报刊上、网络上都有很多小窍门的介绍，如果不在生活中实践也就不知道具体如何操作。

八十年代的乡下，没有电，晚上只能点煤油灯。有时也难免会遇到灯盏里的油不够，又来不及去买的时候。一天，小男孩看到报纸上说，往灯盏里加水可以使灯继续点燃。因为煤油的密度比水小，只要在灯盏里放进水，就可以让煤油浸润到灯芯了，所以就可以继续点。到了第二天，遇到灯没油了，灭了。小男孩不顾大人的反对，往灯盏里加了些水，果然灯又点着了。小男孩很是得意。只是小男孩忘记了第二天要把灯芯拿出去晒干，灯盏底部剩余一些煤油和水的混合物，所以再加进去一些煤油也没法用了，只好全部倒掉。

又有一次，小男孩看到报纸上说往烧开水的锅里放一把竹筷子，油花就没了。这天刚好家里来了客人，菜里多放了一勺油，烧开水时，浮了好多油花。于是，小男孩抓了把筷子扔进锅里。结果水烧出来还真没什么油花，小男孩又虚荣了一把。竹筷子可以帮助去油花，只是说了竹筷子对开水的好处，却没有交待吸附了油花的筷子该如何处理，所以弄得吃饭的时候客人用的筷子让手都粘满了油。

小男孩有趣的尝试经历其实是值得当今很多孩子学习的，尽管也因此惹出了很多笑话。学点生活中的小窍门不仅可以让孩子懂得一些省时省力的技巧，更重要是可以让他们多动脑筋、多动手，让他们在处事方式上也懂得运用技巧。所以父母在陪伴孩子的过程中，要根据孩子年龄特点，把生活常识完整地通俗地告诉他，有意无意之中就让孩子学会这一切。那些日常知识离我们的生活最近也最有用，孩子知道得多了，独立意识也会增强。因此，让孩子亲身尝试生活小窍门，可以让他们享受这种绝妙的生存方式。

## 给父母支招

生活中处处都是学问，父母不仅应该鼓励孩子时时留意报刊、电视节目或者网络里面的小技巧，而且更应该让孩子亲自动手来尝试。父母可以从孩子自身的需要或者更贴近他们生活的细节开始，引导他们养成积累生活小窍门的习惯。

**第一招：在孩子的健康问题上教会基本常识。**

● 健脑醒脑的玩手指法。孩子学习或者写作业太累了，父母要注意让他们适当用脑，还可以使用一些技巧来健脑醒脑。专家认为，这主要是从中医经络来说的，因为手指的经络系统连接着大脑，所以动动手指，就会有刺激大脑神经，使大脑细胞活跃的作用。折指法，即双手相互将各个手指向内折弯，再轮换着将手指向后扳的动作，每天坚持早晚各做一遍，每遍数十次；夹指法，即双手互夹手指，主要是在手指与手掌相连处发力，每夹紧10次左右后，变换左右手的上下位置，反复进行；揉捏法，在坐、立、卧的空闲时间，可用双手拇指和食指轮换着对各指进行揉捏，每次揉捏数十次，这样可以起到按摩手指及健脑醒脑的作用。

• 打喷嚏别捂住嘴。很多父母教导孩子打喷嚏要捂住嘴巴，因为这是文明的体现。然而打喷嚏时捂住嘴是有害的，因为人的咽部与中耳鼓室之间有一个“咽鼓管”，它维护着中耳与外界的压力平衡。当上呼吸道发生感染时，打喷嚏如果捂住嘴，就会使咽部的压力增高，细菌容易由咽鼓管进入中耳鼓室，从而引起化脓性中耳炎等疾病。所以孩子要打喷嚏，但又要保持文明，应该让他们不要面对着说话人，回避到人少的地方打喷嚏就可以了。

• 运动后少吃荤。很多父母以为孩子在运动后需要补充能量，于是让他们大鱼大肉地吃饭，这也是一个误区。人在体育锻炼后会感到疲乏，其主要原因是体内的糖、脂肪、蛋白质被大量分解，产生乳酸等酸性物质，此时若单纯食用富含酸性物质的肉、鱼等，会使体液更加酸性化，不利于疲劳的解除，但食用蔬菜、甘薯、苹果之类的碱性食物就能尽快解除疲劳。

• 起床后别马上叠被。很多父母以为让孩子起床后马上叠被子可以养成他们爱整洁的习惯，但这是不符合卫生要求的。人们在睡眠过程中所产生、分泌的代谢物不时地从全身的皮肤毛孔、呼吸道或肠道等途径排出体外。在排出的废气中含有二氧化碳等多种化学物质，这些废气对人体是有害的。起床后应将被子翻过来同时打开门窗，让空气对流，10分钟后再叠被子。

• 防干燥别舔唇。嘴唇干燥不舒服时，很多人会下意识地用舌头去舔，结果是越舔越干。这是因为唾液中含有黏液蛋白、唾液淀粉酶和无机盐类物质，在舔嘴唇时，犹如在嘴唇上抹了一层浆糊，水分蒸发完毕，这层浆糊发生干缩，于是感觉更干燥。

•吃药后别马上躺下。服完药马上就睡觉，特别是当饮水量又少的时候，往往会使药物粘在食管上而不易进入胃中。有些药物的腐蚀性较强，在食道溶解后，会腐蚀食道粘膜，导致食道溃疡。正确的服药方法是：服药时应坐着或站着，稍停留片刻。

**第二招：在家务活中教会孩子小窍门。**

•煮饭时不溢出的小窍门。在煮稀饭时往锅里滴两滴芝麻香油，开锅后用小火慢慢煮，这样粥就不会溢出来的；或者先淘好米，等到锅大半开时，再把米下到锅里，就可以防止锅里的米汤往外溢了。

•巧切面包不会碎。很多孩子都喜欢吃面包，可是对着一个大面包却不知道如何下手。父母可以建议孩子自己动手试试，先把刀烧热后，再切面包，面包就不会粘在一起，也不易碎了，而且不论切厚或者切薄都很均匀完整。

•让孩子洗自己的脏衣服。孩子总是很爱动，喜欢跑步，喜欢爬上爬下，他们的衣服也应该让他们自己洗干净。父母可以教孩子把萝卜洗干净后放入锅里进行煮，然后捞出萝卜，再用锅里的萝卜水去清洗白衣服，这样就很容易除去衣服上的污垢了，衣服洁白如新。还有一种方法是用淘米水洗：把脏衣服放进淘米水中先浸泡，再用洗衣粉揉搓，清水漂洗净，衣服洗完后特别清爽干净。

•让孩子管理冰箱的卫生。既然孩子很喜欢买零食，也很喜欢翻冰箱找饮料，那就可以要求他们来管理冰箱里面的卫生了。冰箱用久了会脏，不及时擦拭就易滋生病菌，一个有经验的方法是：在冰箱的架子上分别铺上毛巾，当毛巾沾上污垢之后就立即取出来洗涤晒干。晒干以后再铺上，这样就能保持冰箱内清洁且省事。另外，家里的冰箱用久了，就会有一种难闻的异味，这时可以把50克的花茶装入缝制的纱布袋里，然后把它放入冰箱。一个月以后，可以将茶叶取出放在阳光下曝晒，再把茶叶装入纱布袋放回冰箱。如此反复经常使用，冰箱里的异味就会慢慢消除。

•让孩子利用牙膏来粘贴他们的画展。很多孩子喜欢把自己画的作品贴在墙上，来“炫耀”自己的得意之作。可是令父母烦恼的是，用香糊和胶水贴画会弄得光洁的墙乱七八糟的，而且一到夏天还有可能被虫蛀，用图钉吧，墙上打的一个洞又一个洞，真是影响美观。这时，父母可以让孩子用牙膏贴画，不仅不会像胶水、香糊、图钉那样留下斑斑痕迹，而且想取的时候，能随手取下，还一点不影响墙的美观。

• 让孩子自己应对煮饭时的突发事故。大一些的孩子有时会埋怨父母煮的菜不好吃，于是自告奋勇，自己来露一手。有时会因为火候控制不好，而把油烧得太热了，使油锅着了火。这时父母要引导孩子不要惊慌，除了用锅盖迅速盖上可以灭火之外，还可以抓一把盐撒在油锅里，这样油锅里的火就会很快灭了。

## 功课 46 会理财，才会生活

很多父母由于爱子心切，把自己的钱都花在了孩子身上，这导致了很多孩子以为赚钱是件容易的事情，于是他们常常一时兴起往家里搬回很多新东西，没用几天就扔在一旁。这不仅浪费了父母的血汗钱，也养成了乱花钱的坏习惯。带着这种习惯长大的孩子，在以后自己的独立生活中也很难克制自己，可能成为当今流行的“月光族”。

### 小故事，大启示

高爸爸近段时间很烦，因为他的大儿子沉溺于收集棒球卡，小儿子每周都光顾游戏软件商店。而且两个儿子买回来的东西没几天就扔到一边，变成了垃圾。为了改掉孩子这种不良的消费习惯，让他们重视金钱的真正价值，高爸爸尝试了各种策略，经过一些失败之后，也取得了一些成功。

一开始，高爸爸让每个孩子选择一个共同基金，然后每个月都给他们存进去一小笔钱。高爸爸以为这样可以使孩子懂得投资，还可以教导孩子要节俭。可是他的如意算盘却打错了，大儿子是典型的追逐业绩的投资者，总是在成长性股票基金备受追捧、处于牛市顶峰时买入，随后在熊市几乎触底时转向保守的平衡型基金。尽管这一招失败了，但是高爸爸一点也不后悔，因为他知道，自己的账户资金永远在不断增加，因为他每个月都放一笔钱进去。

此外，高爸爸还准备了一个笔记本，用以记录两个孩子的存款。然而这本“父亲的银行”只是个权宜之计，时间一长，大儿子开始对自己的存款最后只会落入父亲的口袋而感到不满。因此，高爸爸又改变了策略，转而为两个孩子在银行里开了活期账户。新账户的利率自然没那么高，但两个儿子每个月都会收到银行的对账单，也可以在网上查询账户余额。最重要的是，这两个账户银行还提供免费的提现卡。儿子对这种方式很是满意，因为他们可以自由地从柜员机取款。

从个人的账户里取钱这一招还真管用。慢慢地，大儿子对棒球卡没有了兴趣，小儿子虽然没有放弃买游戏软件的爱好，但买的数量明显减少。两个儿子说，他们宁愿看着自己账户里的钱不断增加，也不要每个月都花光。高爸爸问孩子们为什么会有这么大的转变，他们答道：“以前感觉那是您的钱。但现在，觉得钱是属于自己的了。”高爸爸高兴地说：“这是你们做得最好的一次。”现在，他的两个孩子终于懂得勤俭节约了。

高爸爸能够从小就注意孩子的理财倾向，并用真实的投资方式来引导孩子，这是值得当今父母学习的。其实理财并不是大人的必修课，在商品经济日益发达的今天，金钱观念和理财能力已成为孩子生存必备的基本素质。国内外儿童专家认为：孩子趁早接触钱，学习理财，长大后，也就越会赚钱。从小塑造子女正确的财务观和金钱观，会成为孩子未来的事业、生活的好帮手，所以我们要鼓励孩子学会理财。

## 给父母支招

目前国内的年轻父母对孩子的理财商数（MQ）越来越重视，目的就是希望自己的小孩能早一步形成理财观念，打下财富基础。根据学者研究，培养孩子理财能力的关键期是5~14岁。

**第一招：定期发放零用钱，使孩子懂得金钱的作用。**

无论家庭条件如何，父母或多或少都要给孩子零用钱，并把钱数控制在孩子有能力支配的范围内。一开始时，父母可以“周”为发放零用钱的时间单位。等到孩子习惯后，时间慢慢拉长为“月”。这种方式除了可让孩子学习在固定时间内分配金钱消费之外，也可训练孩子对钱的规划、使用能力。一个建议是：每个月的第一天给孩子一定的零用钱，由孩子自行支配，提前花光也不能再向父母索要。零用钱包括孩子平时爱买的零食费用、买文具的费用，如果需要买课外书，父母可以与孩子各付一半。零用钱的发放不论什么情况，都一定要严格按照约定的时候发放。另外，还可以使用一些巧妙的方法让孩子懂得如何勤俭。

• 积分制。找一个挂历或硬纸板，每次孩子在家里做完一件有益的事就给他加一分。到周末你可以奖励他，比如 1 分奖励 1 角钱。这个方法对年幼的孩子效果最好，他们的工作相对简单，比如叠被子或布置餐桌等。

• 反向选择。把孩子的零花钱（比方说每周 5 元）换成硬币装入玻璃瓶内（也可用角币）。每次你让孩子帮忙干家务他不答应的时候，你就从里面拿出几个硬币。到了周末，剩余的钱就是他的零花钱。

**第二招：培养记账习惯，训练孩子有计划地用钱。**

父母有时只会责怪孩子乱花钱，可是这钱花到哪里去了，不仅父母弄不清楚，就连孩子也说不出来。这个时候，父母应该鼓励孩子记账。首先，给孩子准备一本记账本。刚开始的时候，父母可帮助孩子将未来一星期所需的花费写下来，然后逐日补上额外支出项目。记账的内容还包括零花钱、压岁钱等收入与支出。记了几次后，慢慢放手让孩子自己记账。记账可以使孩子做到“胸中有数”，如果账上的余额不多了，他们就会控制自己的购买欲，从而懂得以收抵支、欠债要还的道理。此外，父母还可以借此了解孩子的消费倾向，若发现有偏差，可适时纠正。

• 让孩子建三本账簿，把每一笔收入都分成三份。第一本账簿记录日常支出；第二本记录为将来投资而准备的资金，就是常说的第一桶金，为更高级的理财做准备；第三本记录为远期目标而准备的资金，也可以叫做

"梦想基金"。

• 不在乎账本的大小和数量，关键是记账的过程和持之以恒。

• 梦想基金。比如说孩子想要某样东西，价钱比较贵，且孩子想要的东西往往会很多，但是他想要的不一定是他需要的，此时可以让孩子把想要的东西列成一张详细的清单，在旁边写上价钱。然后和孩子探讨，看看哪些属于需要哪些属于想要，最后选出最最需要的。需要和想要虽然只一字之差，但是意思完全不一样，必须让孩子有一个理性消费的思维。

**第三招：开设银行账户，培养储蓄观念。**

储蓄是理财的基础，若孩子能养成良好的储蓄习惯，意味着理财观念已开始萌芽。父母们不妨从给孩子买储钱罐开始，鼓励他们存钱。在家里自己存钱只是培养储蓄观念的开始，开设银行账户才是真正培养孩子的储蓄观念的好方法。为增加存钱动力，父母可以设定存钱目标，当孩子达到目标时，给予额外奖励。例如，孩子当年的储蓄达到一个指定的金额，便可以获得一定的奖金，储蓄金额越高，奖金的金额也越高。比如，假设孩子每年储满500元，就可以得到100元奖金；储满1000元，得到250元；……此外，当父母到银行办事时，不妨也把孩子一起带去进行随机教育，让孩子了解银行作业流程、ATM功能等等。若父母已开始利用此账户理财，则可利用银行对账单、投资报表等，向小孩说明，让他们亲身感受"复利"的效果，激励孩子多储蓄。

**第四招：让孩子学当"管家"，体验"有付出才有收获"。**

许多孩子没有正确的理财习惯，最主要的原因是他们不懂得挣钱的艰辛，也不懂得"柴米油盐贵"。这个时候，父母可以给孩子"当家"的机会，例如，父母可以给孩子一些机会，让他们去买菜、交水费、交电话费等，使孩子知道家里的钱是怎么花出去的，父母每个月都需要支付哪些开支；带孩子购物，向孩子示范理智的消费习惯，告诫孩子用好每一件东西，没有用的东西，再便宜也坚决不买。这样，等孩子慢慢学会节约，避免家里出现"财政危机"。

要改变孩子不正确的消费观，父母还可以让孩子了解你的工作，体会父母的辛劳。比如让孩子到父母打工的工地上体验一天，让他也流点汗试试。只有让孩子知道父母的血汗钱是怎么来的，他才会在幼小的心灵产生震撼，才会知道珍惜。

## 功课 47
## “野蛮”其体魄，可文明其精神

不少父母担心孩子迷上体育活动而耽误学习。的确，参加体育活动需要耗费不少时间，父母因为担心孩子专心练体育而无法专注于文化课的学习，将来不能和同龄人一样高考、上大学，况且在体育上有所成就的孩子，确实比在学习上出成就的要少得多。还有父母认为，从事运动会影响孩子的体格发育，比如练体操的孩子长不高，练游泳的孩子胳膊会粗等。不过，这些父母可能杞人忧天了，他们大概还不清楚“野蛮其体魄，文明其精神”的力量。

### 小故事，大启示

邓亚萍从5岁就开始练习乒乓球了，但是由于个子矮，她曾多次被体校、省队和国家队拒之门外。可是她没有放弃，而是把这些挫折化作了动力，坚持让作为体育教练的父亲训练自己。父亲规定她每天在练完体能课后，必须还要做100个发球接球的动作。对一个孩子来说，这是多么难能可贵！这不但要使身体备受煎熬，心理方面也要承受巨大的压力。从这方面可以说，邓亚萍能够进入国家队是因为她坚强的意志。

在邓亚萍的运动生涯中，她获得过132个冠军头衔，18个世界冠军，4次奥运会冠军。这样的成绩在一般人来说，觉得是足够让自己安稳地过下半辈子了。可是邓亚萍觉得，这些成绩只能说明体魄上的成就，而精神上的成就自己还是很薄弱的。于是她在24岁的时候，决定到清华大学外语系学习。作为一个24岁的人，邓亚萍竟然连26个英文字母都不能写完整。但她把体育精神用到了学习上，她把自己的睡眠时间压缩到最低限度，经常学习到很晚才肯休息，早上5点起床，几乎苛刻地每天学习14个小时。有时，一边走路一边看书，就连吃饭的时间都用上了。更重要的是在打球时候一直保持的1. 5的好视力也退到0. 6。邓亚萍不断要求自己，做作业也要和完成训练课一样，绝对是今日事今日毕，毫不含糊。邓亚萍这种刻苦学习的精神，让辅导老师和学友都深表叹服。

在这种精神的驱动下，24岁才开始学习文化知识的邓亚萍，经过几年的努力，比平常人花得更少的时间获得了剑桥大学的博士学位。

邓亚萍的经历充分说明了“野蛮”体魄可以磨练坚毅的精神，也进一步推翻了很多父母认为锻炼身体会耽误孩子学习的谬论。适量的体育锻炼不仅可以改善生理状态、恢复体力，还有助于安眠及消除各种压力，使疲劳的身体得到积极的休息，让孩子们精力充沛地投入学习；孩子在运动过程中，主动地接触外界环境，长大后会更加合群，性格更开朗乐观，承受挫折的能力更强。所以，父母应该让孩子有足够的运动量，以“野蛮其体魄”，自然而然就可以帮助“文明其精神”。

## 给父母支招

父母要培养孩子对体育的兴趣，让他们养成爱好锻炼的生活方式，就要抓住关键期。3～12岁是人形成良好习惯的关键期，此时孩子在生理上处于生长发育和素质发展的敏感期，人的可塑性大，最容易接受成人的引导与训练。所以，这时正是养成自觉锻炼身体习惯的好机会。

**第一招：爱护孩子好动的天性，提高孩子参与体育运动的兴趣。**

好动是孩子的天性，他们在妈妈的肚子里就已经“懂得”动手动脚了，一出生就开始手舞足蹈。然后，孩子经历俯卧、抬头、翻身、坐、爬、站、走这样一个运动的发育历程。父母要培养孩子运动的习惯，需要爱护孩子的这种积极的天性，并把这些运动习惯“发扬光大”，从而发展为体育兴趣。

• 满足孩子的心血来潮。孩子常常会心血来潮，突然对某项运动产生极其浓厚的兴趣，爸爸妈妈不要打击他的信心，而要鼓励他去尝试。孩子在亲自尝试后，如果依然兴趣浓厚，爸爸妈妈应想办法帮助孩子将这项运动坚持下去。对于有持续性的运动游戏，如荡秋千，孩子在很高兴玩的时候，父母最好让孩子玩个够，不要让他半途停止，否则会起反作用。

• 与孩子一起参与体育运动的节目。给孩子讲名人锻炼的轶闻，与孩子一起观看体育比赛，与孩子一起跑步、打球、做操等都是促进孩子产生体育兴趣的有效途径。

• 让运动带上一点游戏的色彩。运动不仅仅是跑和跳类的大动作运动，一些游戏，如老鹰捉小鸡的游戏，不但让孩子在跑跑跳跳中快乐地运动，也让爸爸妈妈参与游戏的角色扮演，加深亲子关系；教孩子一边唱儿歌，一边跳橡皮筋；郊游时，和孩子比赛看谁最先到达目的地。这种锻炼方式会使孩子满心喜悦，充满激情，整个身心都得到发展。

• 为孩子的体育活动创造物质条件。孩子为运动而运动总感到枯燥，父母可为孩子配置必要用具，如给孩子买球拍、跳绳、小足球等运动器材，使孩子更经常地锻炼身体，把体育兴趣转化为稳定的体育爱好。另外，为了方便孩子运动，应该让他穿运动鞋和运动服。

• 帮助孩子了解体育运动知识。体育锻炼强调通过具体活动增强体能，但仅把体育作为一种体力活动是不行的，应学习有关的知识和技能，才能增强孩子锻炼的积极性并提高成效。如父母可以给孩子讲一些关于田径类运动靠力量和速度、球类运动对灵敏性和弹跳力要求较高等基础知识。还可以教孩子一些常见运动项目的规则和技术，如跑步运动中的起跑、加速跑、途中跑、变速跑、冲刺，打篮球的传接球、带球突破、投篮、防守等等，并告诉孩子基本的比赛规则，如打篮球时不能有意撞人，不能拿了球跑等等。教孩子了解比赛中的规则，让他们知道“无规矩不成方圆”的道理。

**第二招：尊重孩子的成长规律，选择适合孩子年龄的运动。**

孩子的各项神经活动的发育有一定的规律性，发育的规律是由上而下的，表现在：孩子首先会吮奶；然后是眼功能的协调；出生3个月后，孩子学会抬头；之后先会站后会蹲，先会往前走，然后才学会向后退等等。培养孩子运动的习惯也需要按这一规律，选择适合孩子的项目。

- 孩子3岁前要注意大肌肉和精细动作方面的训练。在大肌肉运动方面，让孩子练习爬行，鼓励他多走、多跑、双脚蹦、单脚跳、踢球、打滚等，不要怕磕碰而过于限制孩子的运动。父母可以带他光着脚在沙地上跑，让沙子强烈刺激足底神经末梢，从而反射性地刺激大脑。在精细动作方面，孩子3个月时，他就会抓玩具了，此时需要训练抓握能力；孩子半岁后，教孩子做简单的手指操；10个月时，可以训练孩子捡拾物体；1岁左右，可以让孩子做旋瓶盖、解钮扣等动作，让他拿起小积木，将两块叠在一起；1岁半时，让孩子拿勺吃饭并训练他自己端碗；2岁之后，要训练孩子自己穿衣服、收拾玩具、用筷子吃饭等。

- 4~6岁的孩子，父母可以多提供条件和机会让孩子广泛接触各种活动，引导孩子身体运动功能发展。同时观察孩子在运动项目上的兴趣点，以便引导孩子更好地强健体魄、开发智力。例如，3~5岁是训练孩子协调性、平衡能力的功能敏感年龄；4~6岁主要培养柔韧性的敏感年龄；5~7岁是反应能力的功能敏感年龄；速度的功能敏感年龄在6~8岁。另外，孩子只宜进行中等强度的有氧运动，或持续数秒钟的快速反应、灵敏性运动，不宜做快速奔跑的极限强度运动，如100米全力跑、50米全力游泳等都不宜。

**第三招：督促孩子坚持锻炼，指导孩子科学锻炼。**

孩子的自觉性和毅力不强，如果没有父母督促和鼓励，往往会出现“三天打鱼，两天晒网”的情况。所以，父母可帮孩子制订锻炼计划，从孩子和家庭的实际出发，循序渐进，使孩子乐于接受，自觉执行。父母若能和孩子一起锻炼，则是对孩子的最好鼓励。

运动会引起身体机能的深刻变化，过少的运动量对身体机能无刺激作用，超负荷运动又会对身体造成损害。因此，父母要告诉孩子注重身体的全面锻炼，不但注意身体各部位的协调发展，也要同时提高力量、速度、耐力、柔韧、灵敏、平衡等各项身体素质；既获得跑、跳、投掷、攀登和游泳等实用技能，也培养果断、机敏、勤奋、吃苦耐劳、大胆沉着的意志品质。另外，让孩子懂得音乐、棋类也能提高锻炼效果，如优美乐曲的伴奏，能消除运动带来的疲劳；棋类活动是一项比智力、比体力、比技巧、比意志、比作风的全面竞技体育运动项目。

## 功课 48

### 青菜萝卜都要爱，吃出健康一生

很多父母反映，孩子只爱吃肉而不爱吃蔬菜，或者相反。这影响了孩子全面摄取营养，并使孩子产生了便秘等毛病。于是父母开始为孩子灌输蔬菜的营养价值，讲偏食的危害等知识，可是孩子听不懂，也不会听从。还有很多父母采取强制的办法，结果使孩子产生了厌食或呕吐的毛病。这样的吃饭就像战斗一样，也说明父母在引导态度和方法上的欠妥。

#### 小故事，大启示

来来和拉拉是双胞胎，她们都有一个坏习惯，就是偏食。来来爱吃蔬菜而不爱吃肉，拉拉则爱吃肉而不爱吃蔬菜，这样导致来来变得像个小瘦猴，拉拉则变成了一个小胖墩。爸爸妈妈为这事可愁坏了，决定要帮助她们变回原来双胞胎的模样。

一天，爸爸妈妈做了丰盛的晚餐，有红烧排骨、炒芹菜、番茄蛋汤。来来一坐上饭桌就迫不及待地把筷子伸向了炒芹菜；拉拉则把筷子伸向了红烧肉排骨。可是爸爸妈妈突然大声叫停：“慢着！”

来来和拉拉吓得赶快把筷子收了回来，问：“爸爸妈妈，为什么不让我们吃？”

爸爸说：“爸爸妈妈有一件重要的事情要在吃饭前宣布，所以你们不能吃饭！”

“是什么事情呀？”

"从今天开始，我们家吃饭要执行一个新规定：凡是想吃肉的人，要先吃蔬菜，才可以得到相同份量的肉；想吃蔬菜的人，要先吃掉肉，才可以得到相同份量的蔬菜，如果谁违反了就不许吃饭和看电视，遵守了就可以多看15分钟的电视。"

来来和拉拉一听，表示要抗议："这个规定不好，我们不干！"

"那就不能吃饭和看电视！"

"不吃饭我可以吃零食啊！"拉拉争辩道。

"吃零食也是吃东西，也不允许！"这下，爸爸开始变得很强硬了。

拉拉生气了，丢掉碗筷，坐在一旁撅着小嘴巴。

爸爸妈妈也不理睬她，眼看着来来。来来想了想，自己一直是个听话的好孩子，于是她对爸爸妈妈说："好吧，我就按规定做吧。"

"非常好！"爸爸高兴地摸了摸来来的小脑袋，妈妈高兴地亲了亲来来的小脸蛋表扬说。爸爸从厨房里拿来了四个小盘子，他把小盘子分给每一个人，然后每个人分了一份肉和蔬菜。"我们把菜和肉都分好，一人一份，然后比赛看谁能吃得好，吃得干净！"

拉拉见大家要开始比赛了，自己也有点心动，而且肚子正饿得慌呢。所以她只好又回到了饭桌旁，爸爸妈妈高兴地表扬了拉拉是个好孩子。

来来和拉拉按照家里的规定开始吃饭了，从此以后，她们改掉了偏食的坏习惯。

来来和拉拉能够改掉偏食的坏习惯，全靠她们的父母懂得采用巧妙的规定和比赛的方法。偏食、挑食是一种不良的摄食习惯，多发生在儿童时期。偏食对孩子的健康影响很大，因为人的生命活动、发育成长都要依靠营养物质的摄入。如果孩子因偏食而造成某些营养成分缺少，会直接影响到人体的正常发育。另外，偏食也很容易患各种疾病，而且还会影响孩子大脑和智力的发育成长。虽然青菜萝卜各有所好，但是让孩子青菜萝卜都爱吃，就能使他们吃出一生的健康。

## 给父母支招

**第一招：了解平衡饮食的基本常识，提高孩子健康饮食的意识。**

很多父母对于如何培养孩子健康饮食的习惯只是停留在多吃蔬菜和水果，适当吃肉等简单层面的理解，至于要如何进行合理搭配，如何针对孩子情况改善饮食等常识却一知半解。

●各种食物的营养及功效。“饮”方面：绿茶有助抗癌、坚固牙齿、提高血管韧性；豆浆里含有的钙比牛奶含量还多；喝酸奶可以少得病；骨头汤可使人延年益寿；蘑菇能提高免疫功能。

“食”方面，亚洲金字塔最好，即谷类、豆类、菜类几种主食的重要性形成从上到下的正三角形状态，按照这个金字塔选择主食有益健康。谷类中的老玉米可称为“黄金作物”，有利于血压的控制；荞麦可以降血压、降血脂、降血糖，还不容易患胃肠道癌症、直肠癌、结肠癌；白薯、红薯、山药、土豆能吸收水分、脂肪、糖类、毒素，预防胃肠道炎症；燕麦能降血脂、降血压；小米能除湿、健脾、镇静、安眠。豆类中的大豆和黄豆是优质的蛋白提供源，一两大豆的蛋白等于二两瘦肉，等于三两鸡蛋，等于四两大米，大豆中起码有 5 种抗癌物质。菜类中，胡萝卜是养眼蔬菜，还有预防感冒、健美和抗癌作用；常吃南瓜和苦瓜的人不得糖尿病；煮熟的西红柿有抗癌作用；大蒜是抗癌之王，但必须先把它切成片，一片一片的薄片放在空气里 15 分钟，它跟氧气结合以后产生的大蒜素才有抗癌作用；黑木耳可以防止高凝体质。

“肉类”方面，白色的肉比红色的肉更有益。例如，鸡肉比猪肉好，鱼肉比鸡肉好。另外，每天的食肉最好有陆生、水生以及白色、红色搭配。例如，鸡肉、鱼肉和猪肉的搭配比鸡肉、猪肉、牛肉好。还有，动物越小蛋白越好，例如，吃两只虾比吃一肚子牛肉的蛋白都要多，而且鱼肉蛋白 1 个小时就能吸收，吸收率为 100%，而牛肉蛋白 3 小时才吸收。吃小鱼、小虾，特别要吃全鱼（连头带尾）。

•吃的原则。要吃七成饱，一辈子不得胃病。吃八成饱是最多的了，如果吃十成饱，那另外二成是没有用的。国际上建议 0.618 黄金分割：副食 6 主食 4；粗粮 6 细粮 4；植物 6 动物 4。

•大力提倡使用蒸煮方法来烹饪食物。专家指出，煎、炸等烹饪方法对食品的营养破坏之一是使食盐中的碘挥发。碘盐中含碘量和人体实际摄入的量不同，如果不改变烹饪习惯，即使大力推广碘盐，人们仍然不能达到足够的摄入量。大米、面粉、玉米面用蒸的方法，其营养成分可保存 95% 以上，例如煮蛋的营养和消化率为 100%，蒸蛋的营养和消化率为 98.5%，而煎蛋的消化率为 81%。炸、烤的烹饪方法不仅会损害食物的营养成分，还能产生多种有害物质，如炸、烤的油温能使蛋白质类食物产生致癌的杂环胺类物质，而低温烹饪方法，如蒸、煮、炖等是最有利于人体健康的。

•计算孩子每天所需食物中的营养。一片全麦面包抹上一大匙花生酱，再加一袋牛奶，就很有营养了。孩子在 4 岁以前，这些食物就能提供他每天所需要的大部分蛋白质、1/3 的谷物、50% 的乳制品、65% 的锌、32% 的维生素 E、18% 的铁以及 65% 的钙。对于 4 岁的孩子来说，这一餐能提供他每天所需要的 77% 的蛋白质、20% 的谷物、50% 的乳制品、39% 的锌、28% 的维生素 E、13% 的铁以及 41% 的钙。另外，一碗加了葡萄干的全麦食品（3/4 杯谷物加 3/4 杯低脂牛奶）再加上半杯橙汁，就是孩子一顿不错的早餐。在孩子 4 岁前，这份早餐能提供他每天所需要的一半水果、将近一半的乳制品、1/3 的谷物、81% 的蛋白质、51% 的铁、63% 的锌以及 100% 以上的维生素 C。孩子长到 4 岁以后，这些能提供他每天所需要的 1/3 的水果、将近一半的乳制品、20% 的谷物、56% 的蛋白质、36% 的铁、38% 的锌以及 100% 以上的维生素 C。

**第二招：八大绝招使孩子养成健康饮食的习惯。**

•一日三餐要有规律，定时定量。合理安排和指导孩子吃零食的时间、数量，尽量减少或逐渐取消孩子的零食。

•变换花样给孩子做可口的饭菜。每天的食物尽量多样化，谷类、肉类、豆类和蔬菜应合理搭配，营养全面、丰富。注意烹调方法，尽量把食物做得色、香、味、形俱全。比如孩子不喜欢吃胡萝卜，就用胡萝卜炒花生，做得味美香甜，孩子一下子就会爱上这道菜。孩子不爱吃肉，就做肉馅饺子。此外，父母可以试着改变食材种类、形状、颜色搭配、烹调方法，甚至是餐具的选择，这都可能产生意想不到的效果。

•带孩子一起做饭菜。让孩子帮忙择菜、洗菜，看着电磁炉上煮的粥，告诉他们如何清洗蔬菜以及打散鸡蛋，让他们帮父母把切好的菜收进盘子里。等他把这一切做好后，再帮他估算一下这些食物中的营养成分。

•积极的心理暗示。大人吃得津津有味，孩子自然愿意品尝，并以肯定的口气相信孩子能吃完他那份食物。

•安排好用餐氛围。心情好，胃口也好。不要在餐桌上谈孩子的学习成绩，那样会直接影响孩子的食欲。吃饭是最好的享受，这一点一定要让孩子感受到。另外，有些孩子在用餐时侯跑来跑去或是边玩玩具、边看电视，在这种情况下，不但破坏了用餐的气氛，还影响了食欲。父母在安排好适当的用餐时间及固定的用餐空间后，应以坚持但不破坏气氛的态度，要求孩子遵守用餐的规矩，让他了解用餐的重要性，专心吃完饭。与家人一起用餐是很好的学习情境，但前提是必须避免在孩子面前批评食物或挑食，以便让孩子学习良好的用餐礼仪与模仿饮食行为。在孩子行为改变的过程中，不要以零食为奖励或交换条件，如吃完饭后给一颗糖果，以免功亏一篑，破坏了辛苦建立的健康用餐环境。

•消除恐惧。有的孩子对于吃某种食物有恐惧心理，如有的孩子怕吃鱼，是因为怕被鱼骨刺伤。父母应想方设法去除鱼骨之后，再让孩子吃，或让孩子吃少刺的鱼。

•孩子不吃就不要强迫他吃，同时也立下规定，不再给其他零食代替。这一点可能许多当父母的都很难做到，最终因为心太软而给孩子零食吃，这样的溺爱是要不得的。饿孩子一顿固然“心狠”了点，却会逐步培养孩子的良好饮食习惯。

•给孩子适当奖励。在纠正孩子偏食的过程中，可以用书面的形式记录下来，让孩子看见自己的进步，也可给孩子适当的奖励以作鼓励。

**第三招：注意食物会带来的病症。**

•过多食用酸性食物容易引起孤独症。酸性食物并非指食物的味道，而是指各种肉、蛋及糖食类，这些食物往往被父母认为是高营养品。过多食用酸性食物可能导致孩子形成酸性体质，使参与大脑正常发育和维持大脑生理功能的钾、钙、镁等元素大量消耗，从而引起思维紊乱，使孩子患上孤独症。所以父母要注意调整三餐结构，减少高蛋白、高脂肪、高糖类食物在饮食中的比例，应增加蔬菜、水果等富含碱性成分的食物，使血液酸碱度重新恢复平衡，有助于孤独症的康复。

•长期吃过于精细的食物容易产生近视眼。营养专家认为，长期吃过于精细的食物，会由于缺少维生素 B 族的摄入而影响孩子的神经系统发育，而且还会因损失过多的铬元素而影响视力发育，是近视眼的一大成因。人体每天需从食物中摄取 50 至 200 微克铬元素，而加工过的精米精面已丧失 80% 的铬。因此，应适当给孩子进食一定量的粗粮，以保证足量的铬元素的摄取。

•经常吃有咖啡的食物有形成矮个症的危险。咖啡中含有较多的咖啡因，而咖啡因可阻碍孩子的骨骼发育，经常饮用咖啡、吃咖啡糖果或咖啡饼干的孩子，有形成矮个症的危险。所以父母应该让孩子多喝白开水或纯天然果汁，少接触或不接触咖啡。

•适当限制巧克力防止遗尿症。巧克力可在孩子体内产生过敏反应，使膀胱壁膨胀，容量减少，平滑肌变得粗糙，因而使膀胱产生痉挛。同时，这一过敏反应又使孩子睡得过深，使他们在有尿液充盈时也不能及时醒来，总是发生尿床，最终形成遗尿症。因此，父母平时应少给或不给孩子吃巧克力，尤其在临睡之前。

•多吃鱼片干容易形成氟斑牙。鱼片干是由海鱼加工制成，不仅含有丰富的蛋白质、钙、磷等营养，而且味道鲜美。据测量，鱼片干中的氟元素是牛、羊、猪肉的 2400 多倍，是水果、蔬菜的 4800 多倍。慢性氟中毒首先会影响孩子的牙齿发育，使牙齿变得粗糙无光，牙面出现斑点、条纹，呈现黄色，形成氟斑牙，氟斑牙一旦形成，再也无法恢复。所以父母要注意绝对不可长年累月让孩子大量摄入鱼片干。

- 多饮冷饮容易诱发肠套叠。孩子的肠道相对较大人长而薄，肠系膜松弛，固定能力又差，一旦受到冷饮刺激，很容易导致肠管平滑肌痉挛和蠕动增强，进而诱发肠套叠、肠道梗阻而危及生命。所以，父母给孩子吃冷饮的量要小，尤其是2岁以下的胖孩子。限制孩子吃冷饮的数量，饮料每天只给喝1瓶，雪糕每次吃1根，而且不要在餐前吃，一般饭后1小时较为合适。刚从冰箱里拿出的冷饮，在室内放上一会儿再给孩子吃。

## 功课 49

## 心理健康，比身体健康更重要

很多父母都为孩子有一些怪异的行为而感到困惑。例如，孩子去朋友家玩时总是将朋友家的玩具带回来；孩子在陌生人面前说话口吃，可是在家里却说得很流畅……其实这些都是心理作用所带来的一些负面影响，当今的父母往往时刻注意孩子的身体健康，而忽视了孩子的心理健康。

### 小故事，大启示

小山村里来了一个旅游团，他们观光的时候从路边采摘了一大串蘑菇。蘑菇可以算得上一种非常奇特的食物，既蕴含着天底下最鲜美的味道，又隐藏着天底下最可怕的毒素。团员们纷纷议论这些蘑菇到底能不能吃。

后来，团员们只好求教于村里的农民。有一位村民看了看，说："这是龙肝菌，味道很好，可以吃的。"尽管这样，大家还是有点放心不下，于是决定煮好后找只狗来试吃。这种蘑菇的味道果然鲜美，狗嗅了一下，便大口吃了起来，大约 10 分钟后，狗依然活蹦乱跳。最后得出的结论是：这种蘑菇肯定没有毒！于是，大家非常开心地吃了起来。

正当大家吃得起劲的时候，村民走了过来，对大家说："那只狗死了。"大家一听，顿时慌乱起来，心里只有一个念头：这种蘑菇的毒素效果比较迟缓，在开始时并不发作，而等到一定时候，才会突然毒发身亡。但这里地处山野，又没有医院能够就近治疗，看样子，大家都要死在这里了。许多人开始哭起来，还有人开始口吐白沫瘫倒在地，而更多的人则感觉身体血液流动开始放缓，各种头晕目眩的中毒症状也不断出现。

这时，一个孩子问在旁边疑惑不解的村民："那只狗是怎么死的?"村民回答道："哦，是刚才与野猪打架，被撞死的。"原来如此，团员们顿时清醒过来，而种种头晕目眩，身重无力的"中毒"症状也奇迹般消失了。

旅游团的团员们只因为心理作用，以为蘑菇是有毒的，所以表现了种种中毒症状，这就说明了：一个人的心理作用是可以影响到身体健康的。专家们也曾提出，心理疾病是诱发其他病变的罪魁祸首，像冠心病、高血压、癌症、糖尿病、溃疡病等都与心理、社会因素紧密相关。世界卫生组织对健康所下的定义是：健康乃是一种生理、心理和社会适应都完满的状态，而不是指没有疾病的状态。父母可以轻易地发现孩子的身体状况，可是心理状况却被忽视，所以父母应该注意，让孩子达到心理健康的状态，比身体健康更重要。

## 给父母支招

**第一招：判断孩子的心理状况，以便"对症下药"。**

东北师范大学心理学教授张嘉伟认为，一个心理健康的孩子应具备以下特点：求知欲强，兴趣广泛，喜欢观察事物，爱动脑筋，思维敏捷，什么都想学，什么都想试，对新鲜事物反应快，敢于提出自己的见解；意志力强，不怕困难和挫折，不达到目的不罢休，从不半途而废，能根据自己的需要控制自己的愿望和行为，还能排除外界和内心的干扰，集中注意力进行学习和玩耍；活泼乐观，与人交往坦诚、随和，乐意接受别人的意见，遇到困难和挫折所引起的不良情绪能很快释放，不淤积心里；心态平衡，经常保持欢乐愉快的心态，遇事冷静，情绪很少大起大落，能理智地分析遇到的问题，很少表现出焦虑不安或忧郁；富于同情心，乐于帮助别人，乐于关心别人，常表现出“利他”和“亲社会”的行为；人际关系良好，心胸开阔，尊重别人，能与别人和睦相处，积极参加集体活动，适应纪律约束和行为规范。

孩子的身体是否健康，一般的父母都会判断，而孩子心理是否健康，大多数父母却不知道怎样来判断。孩子在吃睡都正常的情况下，如果父母发觉孩子与同龄孩子相比，发育滞后，表现反常，就应该带孩子看心理医生。这样一方面可以为孩子治疗心理疾病，另一方面能为父母解答育儿过程的困惑，指导父母如何维护孩子的心理健康。父母可从以下几方面来判断孩子是否存在心理问题：

- 孩子一般的心理活动与年龄是否相适应。
- 孩子言语功能的发展水平是否滞后于同龄孩子。
- 孩子智力水平与同龄孩子是否一致。
- 孩子适应一个陌生的环境需要多长时间，与同龄孩子相比时间是否过长。
- 孩子掌握运动技能的时间是否较同龄孩子长。
- 孩子情绪的稳定性、协调性及反应性是否适度。
- 孩子的思维、情感、行为的协调情况如何，是否有不协调的情况。
- 孩子的表现是否精力过剩、躁动不安、喜怒无常，做事不专心，难与他人相处。
- 孩子是否有一定的情绪障碍，如恐惧、自卑、压抑、自伤、敏感、强迫、冷漠。
- 孩子是否有不良的行为习惯，如不适当的吸吮行为，咬指甲，拔毛发，重复性小动作，害羞等。
- 孩子是否存在品行问题，如易怒、欺骗、偷窃、撒谎、破坏性行为等。
- 孩子是否具有精神疾病，如儿童焦虑症、儿童恐惧性障碍、社交敏感性障碍、儿童强迫症、儿童癔症、儿童抑郁症，儿童多动症等。

**第二招：为孩子营造温馨家庭，呵护关爱孩子成长。**

孩子在和睦友爱的生活环境中，即使没有优越的物质生活条件，心情也愉快，活泼自如，良好的家庭气氛有利于开展各种有益的活动和充分发挥孩子的潜能，促使孩子身心健康。

• 创设良好的家庭心理气氛。一个温馨的家庭气氛主要表现在尊重、平等、形成民主等方面。孩子虽小，但也和大人一样自尊心很强，父母应像对待大人一样尊重孩子的权利和要求，注意根据孩子的兴趣进行引导，使他们主动快乐地去做各种事情。只有尊重孩子，以理服人，才能使孩子形成健康的心理。

• 建立心理上的平等关系。一般来说，缺少平等精神的家庭，孩子容易养成怯懦、自卑、自私的不健康心理。因此父母的心情不佳时，应尽量克制，不向孩子发泄，做错了事，也要真诚地向孩子道歉，让孩子真正感受到自己在家庭中的平等地位。许多豁达大度，直言不讳的人的性格就与他们开放性的心理特征分不开。

• 注意家庭民主。孩子一天一天长大，有了自己的想法，父母在处理家庭事务时要充分考虑孩子的意见，让孩子有发言权。心理上的开放有益于养成孩子开朗的性格，父母要善于鼓励孩子说出自己的想法，哪怕是错的，也要说出来。

**第三招：对孩子进行情感投资，培养孩子对生活的热爱。**

许多孩子的心理问题很多是因为父母和孩子缺乏交流而引起的，这就要求父母随时随地与孩子交流，通过交流沟通了亲子感情，使自己更好地了解孩子的心理特点，发现孩子需要引导的问题，也就可以使孩子更深切的体会到来自父母的关怀和爱，从而有一种心理上的安全感和满足感。这是孩子心理得以健康发展的基础和前提。

• 为孩子树立模仿的榜样，时时处处以自己乐观向上的情绪去感染孩子。

• 父母之间要建立和谐、默契的关系，以便对孩子产生潜移默化的影响，“孩子的脸是父母之间关系的晴雨表”，说的就是这个道理。

• 要对孩子进行情感投资。美国精神病专家坎贝尔提出，要使孩子心理健康，父母要作出的“精神投资”：深情地注视孩子，和孩子进行温馨的身体接触，一心一意地关心孩子。

• 要对孩子宽严并济。父母既不能为了赢得孩子的开心和笑容，就对孩子的缺点、错误熟视无睹、听之任之，不合理的要求也予以满足；也不能苟求孩子，把孩子与同伴进行横向比较，甚至拿孩子的短处去比同伴的长处，要注意纵向比较，一旦发现孩子的闪光处和点滴进步，要及时加以表扬。

**第四招：正确评价孩子，让孩子认识自我。**

• 正确评价孩子。对孩子的缺点，应实事求是地加以分析、开导；对孩子的要求不能过高过急，有点滴进步就应肯定和鼓励，以增强孩子的自信心。不能用“你真笨!”这些负面词语来评价孩子。

• 父母要以礼相待，时时处处注意自己的言行举止。要尊重孩子，不要歧视、虐待和任意打骂、体罚孩子。父母应尊重孩子的人格，把他看成是家庭成员中具有一定自主性的成员。当父母意识到自己对孩子可能讲错了话、做错了事之后，要勇于向孩子承认错误并及时道歉，这不但不会降低自己在孩子心目中的威信，反而会使孩子感到父母更加可亲可敬。

• 循循善诱，让孩子认识自我。父母可采用各种形式来进行：鼓励孩子在镜子前照一照，看看自己的五官长得怎么样、身材如何；启发孩子通过不同的手段，绘出自己的形象，比如躺在地上，请父母帮忙描出身体的轮廓，然后自己进行剪贴，也可自己画自画像；引导孩子对自己的照片、作品进行分类、整理，按日期前后进行排列，或按照内容进行编排，建立一个较为完整的成长档案；把各种折纸作品收集起来装订成册，使孩子能经常翻阅、观赏，为自己的进步感到骄傲和自豪。

• 科学教育，让孩子养成良好的生活规律。父母要帮助孩子安排有节奏的生活。有规律有节奏的生活方式对孩子的心理健康非常重要，它可以使孩子的生活有张有弛，劳逸结合，防止过分疲劳。

## 功课 50

## 旅游，一种生活态度

随着城市化的不断扩张，现在的城市孩子很少有接触自然、了解社会的机会。对于他们来说，昼夜是通过天色的明暗来区分的，世界也只是由高楼大厦、电视机、电脑等组成。这些孩子长大后对童年的快乐回忆，只不过是春节的压岁钱、游戏机和麦当劳。一个视野狭隘的孩子永远也体会不到生活的甜酸苦辣。

### 小故事，大启示

徐霞客的祖上都做过官，所以他的父亲也希望自己的儿子能够通过读书来“光宗耀祖”。徐霞客也努力过，也曾参加过八股考试，但失败了。此后，他便决定不再走考试做官的道路，决心进行自己感兴趣的地理考察事业。这一抉择在当时让人觉得不可思议，这意味着与当时流行的社会风气决裂。徐霞客的决定尽管受到一些人的讥笑和指责，但是却得到母亲有力的支持，也正是母亲的这一支持，才成就了一位伟大的地理学家、旅行家和探险家。

徐霞客虽然迷恋游历，但他是带着目的性和针对性的。他喜欢读地理、历史和游历探险方面的书，在攻读前人的著作中发现很多内容是历代沿袭，转抄自较早的资料，很少有人进行实地的考察；有些著作还记述错了。于是他决定通过游历考察，找出心里疑问的答案。

徐霞客从 22 岁起便开始了 30 多年的游历，他先后 4 次进行了长距离的跋涉，足迹遍及现在的江苏、浙江、福建、广东、湖南、云南、北京、天津、上海等19个省（市、区）。最令人赞叹不已的是，他游历了如此广阔的地区，全靠自己的双腿，况且他所考察的主要是陡峭的山峰和急流险滩。不难想象，他要经历多少艰难险阻，甚至随时有丧生的危险。

游历并没有使徐霞客只沉迷于祖国的大好河山，而是每天不管多累，他都要把当天的经历和观察记录下来。徐霞客先后写了200多万字的游记，为后人留下了珍贵的地理考察记录。徐霞客不仅对地理学有重大贡献，而且在文学领域中也有很深的造诣。他写的游记，既是地理学上珍贵的文献，又是笔法精湛的游记文学。

徐霞客走了一条跟当时社会风气不同的道路，但他却踏上了一条不同凡响的旅行之路。旅游并不是一件浪费时间和金钱的事情，相反，它是一项十分有益的活动。首先，旅游和孩子的健康密切相关，因为"生命在于运动"；其次，参加旅游活动，就是缓解疲劳和消除精神压力的最佳途径，它可以使孩子身心得到充分休息；再有，出外旅游可以让孩子了解当地的民风民俗以及历史渊源，无形中增长了他们的地理、历史知识；另外，旅游中经历的辛苦，可以锻炼孩子的身体和磨练意志；旅游可以见到不同的风景、接触各种人物，新鲜的经历对发展孩子的情商有很多好处。旅游不仅能体验别样的人生，更重要的是体现一种生活态度——一种积极向上、乐观的生活态度。

## 给父母支招

**第一招：出行前做好完善安排和心理准备。**

• 安排行程。最好选定以家庭为单位的旅游主题，让孩子通过旅游获取宝贵的经验和知识，因此要有针对性地根据孩子的需求，选择与其相适应的主题旅游。

• 选择良好的天气。在出游前选定一个明媚祥和之日，必将给孩子带来一个好心情。与此同时，选择旅游伙伴也非常重要。有了好的旅游伙伴，能为孩子创造一种富有童趣的旅途生活。

• 心理准备。出行前，父母事先教孩子做好外出的心理准备是很有必要的。父母可以事先描述旅游的趣事，把要到访的地方，在地图上找给孩子看；有图片的先看图介绍更佳，让孩子对旅游充满期待。另外，可以让孩子记住一些求救电话、父母的电话、如何避免危险等安全知识，以备不时之需。

• 目的地的知识准备。父母应该在出行前与孩子一起了解出游的景点，使孩子对所去之处有所认识。例如该景点的来由、特色，主要看点是什么等等。这样有助于旅途中有针对性地游玩，以便提高孩子把书本知识与实地知识相联系的能力。

• 整理行装。出行前应该由孩子参与帮忙收拾行李，这样孩子在以后独自离开父母的时候也知道要准备的东西，例如哪些物品是不可或缺的，哪些可以不带或少带，这些都是孩子需要学习的知识。另外，必备的物品除生活用品外，还要带一些多彩笔、小型望远镜、小照相机、地图等，让孩子学会用彩笔勾画未来的梦幻世界，用望远镜观察人间真情实景，用照相机把握永久的美好瞬间。

**第二招：旅途中要注意气氛的调节和安全问题。**

• 保持旅途的轻松愉快。孩子在旅途中时间长了，通常会感到无聊，及时跟孩子做些小活动，玩点小游戏，不要让孩子闹起来以后才设法使他安静。另外，穿“家庭装”可以增添情趣的同时，会让孩子觉得这样很有趣和好玩。对于年龄比较小的孩子，可以在旅途中准备一些神秘礼物，以保持孩子对旅途的期待。

• 饮食问题。要携带一些事先准备好的餐点干粮，包括孩子爱吃的食物、饮料，并且允许他改变一下吃东西的方式或食物量，不要像在家里一样严格地要求他。若到餐馆吃饭，最好要一些便捷快餐，因为饥饿的孩子往往没有耐心等待太久。特别要注意饮食卫生。

• 休息调整。在旅游过程中要让孩子有充足的休息时间，孩子休息时要有成人照看。

• 安全第一。要时时注意孩子的安全，避免孩子走失、溺水或受到意外伤害；要注意孩子的健康，防止感冒、拉肚子或感染其它疾病。

• 引导孩子多看、多听、多问、多想。父母应该针对孩子好奇心和模仿性强的特点，有意识引导孩子多看、多听、多问、多想，让有趣的知识、动人的故事和优美的景色打动孩子的心，使孩子深感学海无涯。

• 冷静处理突发情况。带孩子去旅游，父母要有足够的成熟和理智来应对各种情况。不要因为孩子在众人面前哭闹，举止不恰当而羞愧，甚至给孩子压力；不要因为孩子不领情，吵着要回家，而否定自己带孩子去旅游的决定；也不要因为孩子对你看来有价值的东西不感兴趣，而怀疑带孩子去旅游的价值。

**第三招：旅游之后鼓励孩子记录旅行日记，让孩子从中受益。**

要使旅游更加有意义，那就需要父母在旅行之后鼓励孩子把旅途中的所见所闻用诗文、绘画、日记等形式记录下来。可以考虑让孩子写旅行日记，也可考虑在每个地方购买不同的明信片，然后让孩子在背后写上他想要记下的东西，甚至是画画也可以，这可加深孩子对每一个地方的印象，十分有效。

## 功课51

# 感受艰辛，体验不同的生活

很多孩子“生在福中不知福”，总是抱怨生活如何不如人。父母辛辛苦苦工作，主要是为了让孩子过上衣食无忧的生活。这样舒适的生活造就的是没有吃苦耐劳心理准备的孩子，他们不懂得生活的艰辛，导致他们不具备面对将来的困难和挫折的勇气。要培养孩子面对艰苦生活的勇气，就要给孩子补上体验生活的一课。

### 小故事，大启示

这是湖南卫视一档生活互换节目上所发生的真实故事。

魏程，一个城里少年，他不珍惜现有的富足生活，甚至已经辍学，沉迷于网络游戏中。高占喜，一个青海的农村孩子，埋怨家境贫困，希望通过读书征服城市，现在面临着失学的危机。湖南卫视的这一档节目给了两个孩子交换角色一周的机会。

魏程来到了高占喜的农村家里。刚到这个青海的新家，新父母（高占喜的父母）借钱给他弄吃的，可是他却嫌弃粗劣的食物，一点没吃。他也睡不习惯北方的热炕头，整个晚上都睡不着。

交换后的第一天，魏程走进了课堂，他顿时成了最引人注目的人物，因为在课堂上他当起了电脑老师，在新同学面前大谈网络游戏的坏处，赢得了同学无比的崇敬。但是在随后的英语课上，他却睡着了。第二天，魏程在电脑课上又教同学们用 word，还送同学礼物。第三天，魏程因为之前受到同学的敬佩，上课开始不睡觉了，而且得到了老师的鼓励。

这个时期正是农忙时节，魏程帮农村爸妈拔了一天的麦子。他忽然很想去看看黄河，对于这个生活在湖南水乡的孩子来说，奔腾的黄河是他的梦想之地。

第五天中午，魏程出门挑水遇到了大雨，而且他不会挑担子，受尽了苦，于是他萌生要退出互换之意。让他没有想到的是，他的农村父亲愿意拿出几年的积蓄，让他去黄河玩。魏程顿时感动得两眼通红。第六天，魏程到工地打工，费尽九牛二虎之力才赚到20元工资。这个时候，他才开始理解起自己的亲生父母，他发誓要改过自新。

第七天，魏程拿着农村父母塞给他的积蓄，来到了黄河。在那里，他感慨万分，痛哭起来。

一周的时间即将结束了，魏程的农村爸爸为了让他在回去前好好洗个澡，于是给他挑水，但是在回来的路上，这位失明的父亲摔倒了。魏程心中愧疚不已，痛哭失声。离别的时候，魏程用自己的工资给农村妈妈买了个水瓢。而且魏程突然跪在农村爸妈跟前，泪如雨下，久久不肯起来。魏程的这一举动震惊了所有的人。

再说说高占喜所遇到的事情。与魏程在农村生活的同时，乡里孩子高占喜走进了城市。角色变换的第一夜，就让高占喜大开眼界，这是他平生第一次坐飞机，第一次坐着车子在高速公路奔驰。坐在城里爸妈的宝马车里，高占喜偷偷流下了幸福的泪水。接着是剪头发、打手机，丰盛的晚餐，回家后收到200元零用钱，这一切都让高占喜接连落泪。

第一天，高占喜被电视剧吸引了，看了一天电视。第二天，他爱上了卡丁车游戏。城里的表弟表妹前来陪他，高占喜还很豪爽地请他们吃了饭。第三天，高占喜买了一大堆零食，他似乎开始学会花钱了。第四天，高占喜逛了公园和动物园，还买了四本书。第五天，高占喜到城里妈妈的印刷厂帮忙，可是觉得很无趣。

又是一天过去了，高占喜去卖报。他发现，城市里并非都是繁华，也有人活得很辛苦。

临走的前一天，高占喜收到了城里父母给他的礼物——一辆他梦寐以求的自行车，这让他兴奋不已。可是当他听到亲生父亲摔伤脚的消息，他决定马上回农村去照顾父亲。

最后一天，高占喜拿出自己全部的钱请城里爸妈吃面，还画了一张全家福送给他们。高占喜就这样平静地回到了原来的生活，他决心考上大学，走出大山。

七天时间是短暂的，但是对于这两个孩子来说，却又是漫长的，因为这是一段心灵煎熬的旅程。一个没有出息、没有希望的孩子经历过艰辛，也会因为别人的一句话而感动流泪，也会做出下跪和悔改的惊人举动；一个尝试过城市奢华生活的孩子，不但没有留恋城市的生活，反而主动提出回到农村，决心通过自己的努力出人头地。七天生活体验的效果，远远胜过了十几年父母的苦口婆心。所以，父母要制造机会，让孩子感受艰辛，体验不同的生活。

## 给父母支招

纵观我们中小学的教育现状，非常令人担忧：学校的文化理论学习课程排得满满的，周末还要参加各种兴趣班，每天还要完成老师布置的作业。陶行知说："生活即教育，社会即学校，教学合一。"所以，父母需要为孩子补上生活这一课，让孩子走向自然，走进社会，走向农村，体验七彩生活。

**第一招：与孩子一起参与社会实践活动。**

- 对孩子进行抗挫折能力、意志力训练。根据孩子年龄实际情况，布置一定难度的任务，在规定的范围内完成。比如：行军、爬山等等。
- 参与社会生产劳动。与孩子一起参加工、农业生产劳动和商业服务劳动，也包括有偿劳动和社会公益无偿劳动。

• 参与社会宣传和服务活动。这些活动包括：经常性的社会活动，如植树、交通安全的宣传、卫生、慰问烈军属、教师、为老弱病残送温暖活动等；一些配合国内外重大事件、政治任务而进行的专题活动，有希望工程、青年志愿者活动等……这些都是很好的实践活动。

• 参与生存体验劳动。如：卖报、捡废品、摆摊等。

• 参与社会调查。包括参观、访问、考察、问卷调查等。

**第二招：参考国外父母的做法，结合自身实际让孩子体验生活。**

• 瑞士——培养孩子自食其力的精神。对十六七岁的姑娘，从初中一毕业就送到一家有教养的人家去当一年女佣人，上午劳动，下午上学。这样做，一方面锻炼了劳动能力，另一方面还有利于学习语言，因为瑞士有讲德语的地区，也有讲法语的地区，所以这个语言地区的姑娘通常到另外一个语言地区当佣人。

• 美国——让孩子认识劳动的价值。在美国不管家里多富有，男孩子12 岁以后就会给邻居或自己的父母在家里剪草、送报赚些零用钱，女孩子则去做小保姆赚钱。

• 德国——法律规定孩子承担家务。父母从不包办孩子的事情。法律还规定，孩子到 14 岁就要在家里承担一些义务，比如要替全家人擦皮鞋等。这样做，不仅是为了培养孩子的劳动能力，也有利于培养孩子的社会义务感。

• 日本——让孩子参加勤工俭学。许多日本学生在课余时间，都要去外边参加劳动挣钱，就连有钱人家的子弟也不例外。他们靠在饭店端盘子、洗碗，在商店售货，在养老院照顾老人，做家庭教师等来挣自己的学费。孩子很小的时候，父母就给他们灌输一种思想：“不给别人添麻烦”。全家人外出旅行，不论多么小的孩子都要无一例外地背上一个小背包。

## 功课52

## 坦然谈“性”，人体是最美的艺术

聪明的孩子在成长的过程中经常会问父母：“我是从哪里来的?”很多父母不好意思说实话，常常编个故事告诉孩子是从石头里面蹦出来的，或是含含糊糊地说是从医院抱出来的。于是很多孩子常常只能靠道听途说来获取“性”知识，这样往往使他们吸收到错误的信息。当孩子成长时，尚未吸收或形成错误的性知识之前，教导他们正确的性观念是很重要的。

### 小故事，大启示

子晋一岁多的时候就开始和妈妈一起洗澡，主要是因为方便妈妈监督他洗澡，而且还可以省下自己洗澡的时间。随着年龄的增大，子晋开始有了新的好奇。

有一次，子晋惊讶地指着妈妈的裆下，妈妈耐心地回答说：“妈妈没有小鸡鸡。”接下来的几天，子晋开始研究起上厕所了。有一次妈妈没关好门，他推门进来时已经拦不住了，子晋发现妈妈撒尿的姿势跟自己不一样，而且还要求帮妈妈擦屁股，因为妈妈之前也帮子晋擦屁股。这次，妈妈要划清界限了，告诉子晋：“这是妈妈的隐私，请你别看。”经过几次这样的提醒，子晋停止了研究妈妈上厕所的事。有一天，子晋开始主动要求自己撒尿拉便便了。因为衣服有点长，所以妈妈想帮子晋拉一下，可是子晋一本正经地拒绝：“妈妈，请别看我拉便便。”子晋可以独自上厕所了，而且认识到要保护自己隐私的地方了，妈妈很高兴。

妈妈有一天出门换衣服，让子晋到客厅去玩，见他走出去了，于是背对着门开始换衣服。可是换到一半，听到子晋在门外说：“光溜溜，羞羞！”妈妈回头一看，见他用食指刮着脸走开了。本来妈妈想挽回点面子，说：“谁说我光溜溜了，我穿了内衣的。”妈妈说完觉得不对劲，哪有穿内衣就可以给人看的道理，于是改口道：“对不起，对不起，妈妈下次注意了，我换衣服一定关门。”

子晋的妈妈通过正面回答孩子的疑问，并从小让孩子懂得尊重并爱护自己的身体，这是性教育的开始。很多父母认为性是一个敏感话题，跟孩子讨论这个问题既尴尬，又容易适得其反。孩子的性发育是其生长发育的重要阶段，尤其是处在青春期的孩子，正处于对性的探索阶段，如果没有针对他们的生长发育进行性教育，他们会主动去探寻，甚至去体验和尝试，因此父母应该帮助各年龄段的孩子对来自多种途径的性知识进行分辨，避免他们被一些不良信息带入歧途。其实，人体每一个部位都并不神秘，如果我们尊重和热爱自己的身体，可以发现人体是最美的艺术。所以，父母对孩子要坦然谈“性”，并且正视人体美的艺术。

## 给父母支招

由于父母对性问题的敏感，导致孩子不敢求教于父母，于是就通过与同伴交流或从书刊影视中获得知识，但是从这些渠道得来的性知识往往会带给孩子不正确的引导，而许多性心理障碍都植根于童年时期。因此，性教育应该开始于儿童和少年时期，父母应积极参与性教育，使孩子从小就得到正确的性教育。

**第一招：根据孩子年龄对孩子进行不同内容的性教育。**

•5 岁前解决孩子的性别认同问题。父母应在洗澡、睡前很自然地让孩子认识自己的身体，不要有意地把女孩扮成男孩或将男孩扮成女孩，以免孩子从小对自己和他人形成性朦胧意识，从而影响孩子的性取向。

• 5 ~ 7 岁解决孩子关于男女差异的困惑。在求知欲驱使下，孩子常对男孩与女孩的差异感到迷惑不解，会向父母提出各种问题，此时父母应该根据自然现象，简单明了地回答他们的问题，不能过分详细地讲述性、生殖等情节。如果讲不透，孩子的好奇心得不到满足，会更觉得神秘。

• 7 ~ 14 岁对孩子进行较系统的性知识教育。在同青春期之前的孩子谈性时，可借助自然现象、童话、寓言故事，采用比喻的手法把性教育内容穿插其中。父母可以从植物开花结果讲起，接着联系到人的性与生殖。父母还可以在看《动物世界》等节目时，用动物的生殖活动进行比喻，和孩子谈蝴蝶的交配，金鱼或鸡、猫的繁殖等，以帮助孩子理解性知识，可避免直接、详细地介绍人类的性行为，避免给这个年龄段的孩子带来不良影响。在性知识教育的同时，还须进行性道德教育，帮助少年控制自己萌发中的性冲动，防止性过错行为的发生。

• 14 ~ 18 岁应主动关心询问孩子的性困惑。有一位男孩睡觉时遗精，他以为是生病了，非常担心，又不好意思告诉父母，自己在书摊买来不健康的书籍想从中找到答案。一日，母亲整理他的房间时，发现孩子在看一些不健康的书籍，母亲这才意识到该告诉孩子一些正确的性知识了，但是父母都不好意思向他讲性知识。最后，这位母亲买来有关的青春期性知识的书籍放在孩子的桌上，并通过书信的方式与孩子交流。

**第二招：父母主动帮助孩子认识性常识。**

• 帮助孩子建立健全的性意识。父母应该主动告诉孩子，他们的身体是上天所赐予的珍宝，阴茎与阴道同身体中的其他器官并没有任何区别；无论是何种体型、肤色，基本上都是美好的。这种健全的意识，将为日后青春期及青年期的性认知奠定正确的基础。

• 要孩子对身体的各部位有正面的经验与意象。父母本身要进行自我心理建设，身体应该是被尊重与肯定的，如果父母对于小孩探究生殖器的反应是忧愁，责骂或处罚，可能会使小孩认为这种方式得到的快乐是错误的。这种信息可能会妨碍小孩接受和给予性爱愉悦的能力，而且最后会干扰到建立爱情与亲密关系的能力。父母应该以承认性欲取代禁绝性欲，才能够增进孩子的自尊，建立肯定的身体形象，而且能激发能力及果断力。要注意的是，性的表现，必须经过父母的指导。所以，对于身体各部位的名称应该使用正确的字眼。如果用“嘘嘘”或“小鸡鸡”等会让孩子认为这似乎在暗示：比起身体的其他部分诸如鼻子、耳朵、膝盖，性器官（如外阴部，睾丸）是相当不同的，而且是令人不好意思的，是神秘的或是禁忌的，这会影响到孩子关于卫生保健的习惯与观念。青春期阶段对异性的看法，通常对自己身体有负面意义的人，也会对异性有负面的意象，而造成青春期的偏差行为，例如：强暴，虐待。

• 用正面的态度与孩子讨论性。父母应该主动提出适合孩子不同年龄阶段感兴趣及适合其理解程度的性主题，例如当有亲戚或朋友怀孕时，正是对孩子说明有关婴儿如何存于母亲体内的时机。另外，要使用正确的专门用语说明，例如说明婴儿是生长在女性的子宫内，而且要正确的形容子宫正是为了孕育婴儿，如温床般特别的地方。一个更积极正面的态度是母亲告诉孩子，自己在怀他的时候，一些心情与期待，指着孩子的肚脐说，这是曾经与母亲相联系的部位。这种既客观又具个人意义的方式，将能使孩子对于性有一个正确的看法和特别的意义，不再隐晦不清，或是抱着太多的幻想。

• 生活中到处能找到谈“性”的时机。生活中有太多的线索，关于男女、关于性、关于差异，例如电视节目，不论是新闻、卡通、综艺节目或甚至孩子喜欢的偶像剧，都时常见到有关男孩女孩、生理健康、亲密性话题穿插，有些正面、有些负面。此时，父母可以用轻松、幽默的口吻，提供孩子适当的性知识，无需长篇大论和小题大做。就一个小小的要点，提醒纠正错误信息、延伸重要的概念、或是联络生活情境，除了事实的提供，也可以增加孩子对这些内容练习自我判断的机会。

• 在阅读和对话中进行性教育。父母应该陪伴孩子一同找寻好书，然后结伴阅读、观察、思索，获得较为正确的性知识。当孩子进一步有了兴趣、有了疑惑，主动提问题或引起对话时，就是最好的讨论时机，父母可以在孩子的发问中知道他的主要疑问是什么、从何而来，以及他所理解的程度。同时，就阅读内容或话题加以讨论，也不会太过尴尬。不过，提醒父母要记得先耐心、仔细听听孩子的话。

**第三招：让孩子懂得自我尊重和保护。**

• 引导孩子欣喜地观察自己的长大，实施自信的性教育措施。学龄孩子的身体发育会让他渐渐地开始注意到自己的外表、自己的特质，是不是受到大家的喜欢。但是在发育过程中，重要的是营养充足、身心健康、发展学习各种技能潜力，同时建立正面的自我独立性以及认同感。父母应尽量避免阻止孩子谈论身体，也不要用性别指标来赞美或批评孩子。相反地，可以在许多生活小节中鼓励孩子，引导他看见自己的发展、观察自己的进步、欣喜自己的长大，真正地尊重、欣赏自己和别人，才能让孩子感受到自己的价值，建立自信心。

• 尊重孩子的隐私。隐私的概念应该从开始对孩子进行性教育时起就灌输给他。一个学步的小孩当他被告诉某些东西是别人的不能动时，他就有了某种最初的拒绝概念。当告诉孩子大人需要隐私的时候，同时也要给予他们隐私的权利，这一点非常重要。这意味着尽可能早地尊重孩子的隐私愿望，当他们长大时就应完全尊重他们的隐私。这就是说，当孩子上学的时候不要搜查他们的房间，不要偷看他们的日记和信件，不要背地里监视他们，允许孩子有他们自己的想法和做法。在与孩子讨论某些问题时要注意听，不要过多评论，让孩子觉得，父母愿意倾听他们的想法，可以与父母平等对话。这样孩子有什么事情也愿意和父母说。父母一样可把自己的价值观、判断是非的标准清楚地告诉给孩子。

• 让孩子懂得尊重与保护自己的身体。通常在为小孩洗澡的时候，可以轻松地告诉孩子，身体各个部位被人碰触的尺度范围在哪里，例如脸颊可以亲吻，但是限于亲人之间，有第三者在场时，可以与别人牵手，但限于某种状况，生殖器绝对不能被人碰触，即使是隔着衣物手套。告诉孩子，生殖器是人的隐私部位，在没有得到自己允许的情况下其他人无权看或摸这个部位，也要告诉孩子不要摸他人的生殖器。教孩子保护自己的身体，不只限于女孩，男孩也一样。现在的社会新闻中，也有渐多的小男生被精神异常分子侵犯。除此之外，要教导孩子，在生活中，进出家门之间，在陌生的环境中如何保护自己免受陌生人的伤害。

# 功课53
## 自护自救，学会生存

孩子玩火而导致丢了性命，贪玩到河边游泳而溺死，回家路上被人绑架……这些新闻时常有见。随着孩子慢慢长大，父母总不能24小时地对孩子加以看管，如果他们从来没有培养孩子自我保护的能力，这些情况的出现父母是需要负一定的责任的。父母平时对孩子呵护有加，反而降低了孩子的自我保护能力，授之以鱼不如授之以渔，所以自护自救是安全知识的第一课。

### 小故事，大启示

1999年2月22日，华俊才9岁，他住在无锡市广丰新村，被父母反锁在家里做作业。

早上11点的时候，华俊把塑料尺掉在了床下的地板上，于是他点了蜡烛，趴在床底下找。一不小心，华俊手上的烛火突然引燃了被褥。火一下子就窜了起来，小华俊先是用手拍打，可是一点用都没有，火反而更加旺了。他见不管用，又开始用杯子盛水灭火，只是杯水车薪，无济于事。

火越烧越大了，面对浓烟烈火，小华俊急忙逃离了卧室，并随手关紧了房门。火灾并没有使小华俊吓得不知所措，他沉着地打通了“119”报警电话，然后来到窗口喊救命。当他从窗口看到消防车到来时，他叫得更大声了。

消防官兵听到求救声，迅速用消防斧连破两门，救出了处境危险的小华俊。

这则新闻告诉我们，让孩子掌握一定的自救知识，能使他们在关键时刻脱离危险，保护自己。小华俊能够在如此惊险的情况下保持清醒冷静的头脑，这与他在平时接触过自护自救的常识是分不开的。据调查，不少父母平时对孩子的安全教育几乎为空白，通常采取的办法就是看到危险时，才会紧张地提示孩子“别动那个”“离远点”，可至于为什么“不要动”“离远点”，孩子往往并不知道。孩子的好奇心常常使得他们再一次遇到同样的情况，而父母又不在身边，危险就很难避免。意外情况是不可预料的，只有让孩子掌握了意外自护的常识，才能避免伤害。让孩子学会自护自救，是学会生存的开始。

## 给父母支招

**第一招：让孩子具有良好的心理自救能力。**

好的心理状态是孩子自我保护的基础，让孩子在发生意外时能够不慌乱、进行良好的心理自救可从以下几方面注意：

• 平时要教会孩子有应急的心理准备。

• 要在平时告诉孩子，一般情况下可能遇到的几种险情，并且告诉他们解决的方法。

• 教育孩子遇事要沉着冷静，不要不顾后果地采取跳楼、翻墙等危险行为。

• 多看一些自我保护的书和相关的电视，树立必胜的信心。

• 要学会团结好人跟坏人斗智斗勇。

• 父母要给孩子创造一个民主、温馨的家庭氛围，让孩子遇事细心勇敢。

**第二招：创造良好环境，减少危险可能性。**

• 消灭不安全因素。父母要注意对现有的、容易对孩子造成伤害的建筑进行拆除和改造，对大型玩具进行全面检修，认真检查每一颗螺丝，做到防患于未然，将意外伤害消灭在萌芽之中。

• 创造安全的环境以及做好预防危险的前期工作。父母可以把自己的手机号码缝在孩子的手绢或衣服上，即便孩子暂时走失，遇到好心人也可帮忙联系；药品或者化学品放在上了锁的抽屉、箱子或孩子不易拿到的地方；不要把可攀爬的凳子、桌子放在窗边、阳台上；电源插销、开关等不要放在孩子可以触到的范围之内；孩子在嬉戏、哭闹时不能进食；给孩子必要的性教育，孩子长到四五岁，父母就应向孩子说明哪些部位是个人隐私区，任何人无权随意接触，即使是医生检查身体，也要监护人在场监督。

• 开展各种活动，增强孩子的体能。很多体弱的孩子不爱活动，造成动作不协调、平衡能力差，遇到情况反应慢，所以容易受到意外伤害；而那些活泼健壮的孩子，由于好动、灵活、反应快，遇到情况能采取紧急措施，因此受意外伤害较少。由此可见，增强孩子体能是提高他们自护能力的重要途径。所以，父母应该经常带领幼儿去郊游，通过远足活动对孩子进行力量和耐力的练习；自觉加强排球、跳绳、投掷、翻滚等项目的练习……

**第三招：学习自护自救基本常识，培养孩子自我保护意识。**

• 教孩子相信直觉。父母不仅要告诫孩子留意从接触的人或事中获取不安的感觉，还要注意倾听，鼓励孩子讲出他感觉不安的人和事，然后耐心地传授应对方法。

• 遇人求助多个心眼。父母要告诉孩子，对于陌生人问路或请求协助寻找丢失的宠物之类的事要保持警惕，这是犯罪分子诱拐儿童的两种普遍伎俩。要让孩子知道，任何人甚至是警察或消防员，在未得到孩子监护人允许的情况下，都不能将孩子带走。

• 不要只防陌生人。父母常会这样叮嘱孩子：“不要跟陌生人说话。”

其实，孩子并不一定懂得什么是陌生人，在他们看来，只有那些面目凶恶的人才像坏人。事实上，许多想侵犯孩子的人通常会装出一副和蔼可亲的样子。父母更应该特别提醒女孩，不要单独在外留宿或跟异性到任何地方去。

• 勇敢地说"不"。尽管父母都想培养孩子有教养，但也应让孩子知道，什么时候可以打破常规。比如，有人想威逼孩子做无礼或危险的事时，教会孩子勇于说"不"。

• 让孩子尽情倾诉。父母与孩子要经常交流，如果孩子对某人不满，父母不要简单地制止孩子说某人坏话，而要和孩子一起分析，让孩子畅所欲言。这样孩子一旦遇到搔扰才愿意向他所信赖的人尽情倾诉。

• 遇事不仅仅求助警察。遇到麻烦找警察是最基本的常识，还要让孩子知道，公园、商场、电影院等地方的工作人员，甚至路人都可以成为求助对象。让孩子明白，多一个可求助的人就多一分生存的希望。

• 莫轻信网友。随着网络的普及，孩子接触网络馅饼的可能性也不断增加，因此父母要告诉孩子注意保守家庭及个人秘密，不要轻易约见在网上结识的人。

**第四招：教会孩子应对险境，提升自护自救能力。**

• 家中煤气泄漏。告诉孩子阀门的开关方法，煤气泄漏会出现头晕、胸闷、恶心等状况，要快点打开窗户或大门通风。然后迅速将煤气阀门关闭赶快离开家，到外面拨打急救电话999、120或爸爸妈妈的手机号码。千万不要在煤气味浓时打电话，这样做可能会引爆煤气。

• 意外烫伤。告诉孩子尽快在水龙头下冲洗，并拿出牙膏涂抹。严重的时候要求父母带去医院检查。

• 遇到陌生人。只要是孩子没有见过的都应该算是陌生人，不能轻信。不要让孩子随便告诉对方自己的行程安排。如果遇到陌生人送东西，父母要让孩子学会对陌生人给的任何东西都别动心，尤其是对"我是你爸爸妈妈的好朋友”等都别相信，并且明确告诉陌生人，父母就在附近，或用“爸爸马上就要来接我”的话，把陌生人吓走。假如陌生人还缠着你，就声东击西，趁其不备朝人多的地方跑，大声求救，高叫“火警!”以引起路人的注意。

• 面对暴力事件。孩子身单力薄是无法和歹徒搏斗的，因此不用教一个小孩子如何用拳脚打败侵犯者，但孩子却能做许多吸引周围人注意的事情，或者利用周围的障碍物与坏人周旋。除了找警察外，公园、商场、电影院等地方的工作人员，甚至路人都可以成为求助对象。

• 独走时有人盯梢。父母要告诉孩子，独自回家时发现有成年人在后面跟着你，一定要想办法“割”掉这个尾巴。简单的方法是：到一个离自己最近的十字路口，向正在执勤的交警叔叔问个路；或者直接说后面有坏人跟着。遇到危险的时候，让孩子懂得求助是非常有效的。如果坏人胁迫你跟他走，就惊叫着奔向人多的地方；如果知道这时家里没人，千万不要往家里跑。

• 遭遇有人过分亲昵。在孩子遭遇性侵犯的案例中，相当部分是熟人造成的。因为他们已经取得了孩子的信任，不再受到设防。所以，父母要给孩子一个原则：除了爸爸妈妈，别人都不能碰自己的身体，也不要轻易暴露自己的隐私处，更不能让别人接触自己的隐私处。此外，还要让孩子知道，不能让自己与陌生人在封闭的房间里相处，如果有人正在侵犯自己的身体，可以大声叫喊：“爸爸快来呀!”以此来蒙蔽坏人，然后趁其不备，赶快逃离。

• 遇到有人勒索钱财。父母要告诉孩子，此时生命安全是第一位的。这种情况下决不能逞强，钱是小事，要尽量避免自己受伤害。同时，要记住坏人的样子，事后及时报警。如果父母有事在孩子放学时不能去接他，记得要与同学结伴而行。

• 游乐场找不到父母。4 岁以上的孩子都应该清楚记得家人的电话和自己的住址，平时父母要将如何打电话和如何在街上找到公用电话的方法一遍遍地演示给孩子看。如果是5岁的孩子，有必要让他学认路和辨别方向，知道距家最近的公交站名。如在游乐场与父母走散，可以在原地稍等一会儿，然后请工作人员帮忙找到广播室求助。父母要叮嘱孩子“遇事不慌”，千万不要随“好心人”到人少的地方或他的家中。

## 功课54
## 死亡教育，提高生命质量

中国人讳言死亡是千年延续的传统，认为死亡总是与晦气联系在一起。为了这一避忌，人们甚至把“死亡”神化，令很多孩子信以为真，所以才会出现孩子动不动就做出自杀的冲动行为。其实，死亡是一个真实的东西，它并不因为亲人朋友的逝去才会离你格外地近，也不会因为你对它的逃避而格外地远。死亡就像一个警钟，不断提醒着人们珍惜今天的一切。

### 小故事，大启示

五个月前，小女孩因为任性而和奶奶顶嘴了。这件事过去了一个月，奶奶突然去世了。小女孩作为奶奶唯一的孙辈，按照风俗，她必须抱着奶奶的遗像，走向墓地。虽然那是自己的亲人，但小女孩还是非常害怕，甚至害怕得晕过去了。醒来之后，小女孩哭着抛下遗像，跑了出去。为这事，妈妈还责怪小孩子不懂事。之后那几天，她就连上厕所也不敢一个人去。一到晚上，小女孩就躲在被窝里偷偷地哭，妈妈问她为什么，她说：“我之前跟奶奶顶嘴，一定是我气死奶奶的！”

又过了几个月，小女孩的爷爷又离开了人世。那一天，小女孩还在学校上课没放学，她连爷爷最后一面都没见到。小女孩为这事感到非常遗憾，之后小女孩晚上都不敢睡觉，一闭上眼睛，她就害怕会出现鬼神。就连白天头脑也总想着爷爷回来找她，说她没有去送爷爷的终。

终于有一天，小女孩忍不住问妈妈："妈妈，您说人死后真的会变成鬼魂吗？我最亲爱的爷爷奶奶几个月前还是活生生的，现在居然变成了一堆灰。我真的很害怕再一次失去亲人。你说，爸爸工作压力那么大，他身体也不太好，他能挺得住吗？他会不会也……"

面对孩子满脑子的疑问，以及她害怕死亡的严重程度，妈妈觉得很有必要对孩子进行"死亡教育"。

小女孩面对亲人的死亡，会出现这种极度害怕的情况，主要是因为她之前没接触过关于死亡的知识，导致她不能正视死亡。其实死亡是人不可抗拒的自然规律，是每一个人都必须经历的一个过程，同时人们对死亡又普遍存在恐惧焦虑而又难以正确面对的心理。"死亡教育"就是使孩子对死亡问题有观察、发问、表达记忆及感受的机会，它可以帮助孩子正确地面对自我之死和他人之死，理解生与死是人类自然生命历程的必然组成部分，从而树立科学、合理、健康的死亡观；它可以消除孩子对死亡的恐惧、焦虑等心理现象，教育孩子坦然面对死亡；它能使孩子思索各种死亡问题，学习和探讨死亡的心理过程以及死亡对孩子的心理影响，为处理"自我之死"、"亲人之死"做好心理上的准备；更重要的是，它可以使孩子勇敢地正视生老病死的问题，加深孩子对死亡的深刻认识，并将这种认识转化为珍惜生命、珍爱健康的强大动力，进而提高自己的生命和生活质量。如果对孩子一直回避死亡，会让他们觉得死亡是遥远的，这样做可能会使他们忽略了生的意义。只有正视死亡，它才时刻提醒人们活着的可贵。所以，对孩子进行死亡教育，有利于提高他们的生命质量。

## 给父母支招

**第一招：结合情境，寻找适宜的方法对孩子进行生命教育。**

与孩子交流死亡话题时，一定要在感同身受的同时给以诗意的解释，要结合情境寻找一些最适宜的方法对孩子进行生命教育。

• 说个家族故事。引导孩子认识死亡是自然的生命现象，可从共同分享家族故事开始。专家曾建议，可以在家人相聚聊天时，找出泛黄的照片翻阅，跟孩子说说自己的爸爸妈妈、或记忆中已逝的爷爷奶奶，他们从哪来？做什么？生了几个小孩？他们那时喜欢玩什么？吃什么？最开心或最难过的事是什么？也可以陪孩子把这些故事画下来，在画图说故事中，逐渐了解生与死。

• 拿宠物当媒介。很多家庭喜欢养宠物，宠物的寿命短，极易成为孩子接触死亡的第一次经历，父母不妨善用这些机会进行死亡教育。宠物死去经常激起孩子对死亡的疑问，小狗去了哪里？天堂是什么？我可不可以一起去？越来越多的研究指出，如果孩子被鼓励发问与死亡有关的问题，并允许表达情绪，且经常被关爱，那么在遭遇亲人过世时，孩子较能从容面对。

• 在故事与游戏中谈生死。生死学大师库伯勒·罗斯在《关于孩子与死亡》的书里提到，透过绘画、游戏过程，有助于孩子理解或面对死亡。这几年，国内也出版了一些与死亡主题相关的童书绘本，透过亲子共读，引导孩子谈论生死大事。例如，让孩子观赏《狮子王》，当看到小狮子辛巴的爸爸死去，电视机前的孩子会跟着掉泪，其实就是在“演练”悲伤，学习让情绪有出口。

• 从大自然知生死。让孩子体悟四季转换，比如看叶子从新生到凋零的过程。有一位临床心理咨询师通过让孩子种树，在花开花落中明白“花谢便是死亡，但另一朵花又诞生了”。又如，孩子第一次接触死亡概念可能是看到鱼缸里一条鱼浮在水面上，不动了；也可能是看到路上一条狗躺在地上，不动了。可以在这些具体情况中讲“死亡”的概念，虽然“死”的不同，但都是死亡。

• 千万不能对孩子说谎，否则当孩子长大一点以后知道真相时，会觉得父母欺骗了他们。比如父母说：“××死了，就是他走了，到别的地方去了”；“××死了，就是他睡着了”；“××死了，就是老天爷叫他去了”等等。应该实话实说，用孩子能理解的语言对他们说。比如，可以说：“××死了，他不会回来了。每个人都会死，不过要很多很多年以后才会死，你现在还小，不要去想它。”

**第二招：根据不同孩子的性格选择适当的教育方式。**

• 对于性格外向的孩子，要实事求是，排除恐惧。外向的孩子，一般都会将自己的困惑讲出来。这时候，父母应该科学地、实事求是地告诉他这个事实：死亡是生命中的一个过程，就像大自然中花开花落一样，每个人都要经历。如果孩子比较小，不能理解，可以拿身边的动植物打比方。而对于中学生来说，他有了一定的接受能力，完全可以想清楚是怎么回事。

此外，在死亡教育的过程中要突出生命教育，强调生命的价值所在。正是因为我们都会死亡，生命或长或短，我们都会离开这个世界，不管是以什么方式，我们唯一能做的就是更加珍惜生命，挖掘自身潜能，尽力去完善过程。

• 对于性格内向的孩子，要适时探讨，消除偏差。内向的孩子一般不容易表露自己的情感，即使有问题也会憋在心里，这就是那些表面看起来很乖巧，也很顺从的孩子往往比那些外向的孩子容易自杀的原因。他们常常遇到一些困惑，总是想凭借自己的能力去解决。比如，关于死亡的困惑，他们很可能上网去查，这时候理解就出现偏差。

作为父母，在平时尽量给孩子创造一个宽松的氛围，对于这些忌讳的话题，也应该适时、主动地和他探讨。比如可以根据有关死亡的新闻及时和他对话，问问他对死亡的看法，留意他的情绪变化，然后再科学地解释这样的事情，消除他的认识偏差。

• 如果孩子遭遇亲人离世，要增加他们的安全感，让他们的情绪得到充分的宣泄。对于孩子来说，亲人离世打击非常大，一方面，自己亲近的人突然走了，他会感到孤单、无助；另一方面，看到大人伤心痛苦，他自己内心的恐惧感会更大。大人在发泄自己情绪之后尽量要给孩子更多的关爱，让他感觉到，虽然一个亲人去世了，但他的爱并没有减少，让孩子有足够的安全感，这时候，他也愿意将内心的感受讲出来。

此外，陪孩子一起谈感受也是减压的有效方法。等孩子内心平静一些，父母不妨跟孩子一起思念，想想美好的事，将这种压抑的情绪宣泄出去，然后从感伤中走出来。

## 功课55

## 掌握生活节律，为了每一个明天

每逢放完长假又回到学校，孩子的生物钟就很难调整过来。他们常常黑白颠倒，白天上课的时候觉得困，上课打瞌睡；晚上到了要睡觉的时候头脑还很活跃，没有一点睡意。这样的作息习惯不仅影响了孩子的学习效率，而且会使孩子的身体处于一种亚健康状态。这个时候，父母就要开始引导孩子调整好自己的生活节奏和规律，让孩子每天的学习和生活都处于最佳状态。

### 小故事，大启示

飞飞和扬扬要上学了，妈妈希望利用这20天时间来调整她们的作息时间。

执行的第一天，爸爸妈妈在出门前叮嘱老人，中午11点吃饭，12点15分让飞扬睡觉，大概睡80分钟。如果过了时间就不让她们睡了，带她们出去玩，让她们坚持到晚上再睡。这样，晚上就可以早点安排她们睡觉。可是老人没能控制局面，11点让飞扬吃完饭后，两个小家伙就一直玩，到了下午2点也没有睡意。老人觉得到过了点，就带飞扬出去玩，可她们走着走着就要睡觉，而且赖在路边不想走。老人拗不过，只好让她们回家睡了一个多小时。

看来白天的努力没能成功，晚上爸爸妈妈以为可以让孩子早点睡，可是打开电脑一忙，忘记了时间，过了晚上9点。于是妈妈急忙带孩子去睡觉，不一会儿妈妈就出来了，她以为两个孩子差不多都睡着了。可过了一会，爸爸进房间一看，两个小家伙在里面正闹得欢呢。想想，下午才刚睡了一个多小时，现在才晚上9点多一点，她们怎么睡得着？妈妈没有办法，只好给她们讲故事。就这样折腾了一个多小时，到了晚上11点，孩子终于略显睡意，纷纷躺下了。晚上11点，正是孩子平时睡觉的时间。

就这样，全家人一天的努力完全失败。

飞扬的妈妈希望调整孩子的生物钟，可是失败了，一方面是因为她没有一套适当的方法，另一方面她没有弄清楚属于孩子的作息时间。人体的机能状态在一天24小时里是有规律可循，但是每个人的规律各异。心理学家通过长期的观察和研究，发现：人的体力存在着一个从出生之日算起以23天为一周期的“体力盛衰周期”；人的感情和精神状况则存在着一个从出生之日算起以28天为一周期的“情绪波动周期”；人的智力存在着一个从出生之日算起以33天为一个周期的“智力强弱周期”。充分利用这些规律，可以使我们的生活达到最佳状态。为了孩子每一个健康的明天，父母要引导他们掌握生活节律。

## 给父母支招

**第一招：掌握人体器官工作表，合理安排作息和饮食时间。**

中国中医科学院西苑医院杨力教授介绍了人体器官24小时工作表：

- 1：00是人体进入浅睡的阶段，此时头脑较清楚，很容易醒，所以熬夜的人在这个时间段想睡反而睡不着。
- 2：00人的绝大多数器官处于一天中工作最慢的状态，肝脏却在紧张工作，生血气为人体排毒。
- 3：00是人体进入深度睡眠的阶段，这个时候人体的全身肌肉完全放松。

•4：00 是“黎明前的黑暗”时刻，这时，血压处于一天中最低值，糖尿病病人易出现低血糖，心脑血管患者易发生心梗等。这时也是老年人最易发生意外的时候。

•5：00 处于人体阳气逐渐升华，精神状态饱满的时候。

•6：00 人体血压开始升高，心跳逐渐加快，所以是高血压患者吃降压药的时候。

•7：00 人体免疫力最强，因为刚吃完早饭，营养逐渐被人体吸收。

•8：00 人体的各项生理激素分泌旺盛，开始进入工作状态。

•9：00 最适合打针、手术、做体检等。此时人体气血活跃，大脑皮层兴奋，痛感降低。

•10：00 是人的工作效率最高的时间。

•10：00～11：00 属于人体的第一个黄金时段。心脏充分发挥其功能，精力充沛，不会感到疲劳。

•12：00 人在紧张工作一上午后，需要休息。

•12：00～13：00 是最佳的“子午觉”时间，这一个小时左右的时间不宜疲劳作战，最好躺着休息半小时至 1 小时。

•14：00 是人反应最迟钝的时候，所以容易有昏昏欲睡之感，人体应急能力降低。

•15：00 午饭营养吸收后逐渐被输送到全身，工作能力开始恢复。

•15：00～17：00 为人体第二个黄金时段，最适宜开会、公关、接待重要客人，也是孩子大脑最活跃的时间。

•16：00 血糖开始升高，有虚火者此时表现明显，如阳虚、肺结核等患者的脸部最红。

•17：00 工作效率达到午后时间的最高值，也适宜进行体育锻炼。

•18：00 人体敏感度下降，痛觉随之再度降低。

•19：00 是最易发生争吵的时间，因为此时是人体血压波动的晚高峰，人们的情绪最不稳定。

•20：00 人体进入第三个黄金阶段。记忆力最强，大脑反应异常迅速。

• 20：00～21：00 适合做作业、阅读、创作、锻炼等。

• 22：00 随着呼吸开始减慢，体温逐渐下降，最适宜对身体进行梳洗。最好在 22：30 泡脚后上床，能很快入睡。

• 23：00 阳气微弱，人体功能下降，开始逐渐进入深度睡眠，一天的疲劳开始缓解。

• 24：00 气血处于一天中的最低值，除了休息，不宜进行任何活动。

**第二招：寻找适合自己的生活节律。**

人体存在智力、情绪、体力周期分别为 33 天、28 天和 23 天的生物钟，这三种“钟”存在明显的盛衰起伏，在各自的运转中都有高潮期，低潮期和临界期，所以被称为“人体三节律”。在高潮时表现出精力充沛、思维敏捷、情绪乐观、记忆力、理解力强，这时是学习、工作、锻炼的大好时机；相反，在临界或低潮期时会表现耐力下降、情绪低落、反应迟钝、健忘走神，这时易出车祸和医疗事故，也难在考试中出成绩。了解自己三节律的临界日和低潮期，可以在心理上早作准备，以顽强的意志和高度的责任感去克服困难，安然度过临界期和低潮期。以下是计算自己智力、情绪、体力钟的高潮、低潮和临界期的方法：

• 先算“总天数”，即计算出生之日至所计算之日的总天数。公式：t＝（365.25×周岁数）±x。式中“t”表示总天数，“x”表示除周岁数以外的天数。例：某人于 1935 年 10 月 15 日出生，要计算 1987 年 1 月 29 日的这天生物节律，t＝（365.25×52）－259＝18734（天）。

• 再算“余数”，将前算得的总天数分别除以 33、28、23（即智力、情绪、体力节律周期的天数），然后得到余数。注意必须用手算，而不要用电子计算机计算。18734÷33＝567…23（智力钟余数）；18734÷28＝669…2（情绪钟余数）；18734÷23＝814…12（体力钟余数）。

• 把余数求出之后，如果只需要了解计算日处什么期（高潮期、低潮期、临界期），最简便的方法是采用“周期天数除以 2 对照法”，又叫半周期法：33÷2＝16.5（智力钟半周期数）；28÷2＝14.0（情绪钟半周期数)；23 ÷ 2 = 11.5（体力钟半周期数）。将“余数”与半周期数作比较，若余数小于此种生物钟的半周期数，此生物钟运行在高潮期；如果大于半周期数，运行在低潮期；若接近半周期数或整周期，以及余数为零者，则为临界期。

例如，智力钟余数：23 > 16.5 为低潮期；情绪钟余数：2 < 14.0 为高潮期；体力钟余数 12 > 11.5，数字接近半周期，为临界期。

**第三招：借助辅助活动拨正紊乱的生活节律。**

长时间地打破规律的生活，会造成生物钟紊乱。人会感到注意力不集中、思考判断力差、疲劳、萎靡不振，工作、学习效率低，出现睡眠、饮食障碍，“困了睡不着，饿了吃不下”，机体免疫力严重下降，易感染疾病，原有疾病会加重病情。生活节律强的人表现比较明显，且恢复也慢。

●采用泡脚的方法调整睡眠。生活节律不强的人很快能自行调整好，但是对于出现明显不适的人，可以采用泡脚的方法。睡前一小时热水泡脚，水温至脚能忍受，泡至脚踝，双脚互相搓脚心。如果水变凉了，要再加热水以保持水温，泡 15 分钟，用手搓脚。出水后，盘腿再搓脚心，足底从跟部上量一寸（食指第 1 ~ 2 关节为一寸）处，用双手拇指向上搓至涌泉穴，反复搓双脚 5 分钟。然后作腹式呼吸 10 次，速度宜慢，每分钟 4 ~ 6 次。

●调整饮食帮助调整人体生物钟。由于长时间熬夜会导致饮食无规律，胃肠生物钟已不正常，疲劳状态的机体，也产生大量酸性物质。这时要适量食用碱性食物（牛奶、青菜类、鲜蘑菇类、干鲜豆类、水果）。不宜选择油炸、高热量、糯米类、有刺激性及酸性食品（肉、鱼、禽、蛋、谷类），这些食品不仅会增加胃肠负担，还会影响机体排酸，加重胃肠生物钟紊乱，延长不适感。短时期忌饮浓茶、咖啡、烈酒，晚餐宜七八分饱。

●使用适量药物拨正生物钟。首先要补充过度消耗和流失的微量营养素，尤其是维生素 B 族。可服用复合维生素 B、维生素 B12 及维生素 C，能很快地恢复人体活力，联合应用效果更好。

●适量运动有助生物钟调整。机体锻炼，以静力性项目为主，可以试试练瑜伽。

●通过调整吃饭时间调整生活规律。美国研究人员通过老鼠实验发现，一日三餐何时吃有可能对于调整人体生物钟具有重要作用。一日三餐是人在漫长的岁月中形成的适应人体肠胃环境及生理功能的生理节律。定时进餐可以维持血液中营养物质的稳定，保证人体的正常活动。一般来说，每餐之间间隔4~5小时是根据食物在人体胃中停留的时间决定的。7:30左右，即在起床后20至30分钟吃早餐最合适，因为这时人的食欲最旺盛；12:00~12:30吃午餐为宜，午餐是最好的休息时间，应该让自己在一个轻松的环境下吃午饭；一般在晚6点以后、7点以前吃晚餐为最好，这样在4小时以后，即到晚10点以后或11点左右睡觉，较为适宜。另外，父母不应该提倡孩子吃夜宵，因为临睡前进食，不仅会增加肠胃负担影响睡眠，还会影响第二天早餐的食欲。不过对于要上晚自习的孩子来说，用脑时间较长会有饥饿的感觉，为了保证睡眠的质量，建议夜宵应少量，而且在9:30~10:00为宜。

**第四招：注意四季人体生活节律的差异，适度调整。**

人体的健康和顺应大自然的规律密不可分。《黄帝内经》中记有“春夏养阳，秋冬养阴”的养生原则，长期以来它对人们养生防病、抗老防衰起着重要的作用。

●秋冬之季提倡“日出而作、日落而息”，“早卧晚起、以待日光”，和太阳一同起息、小睡个懒觉，是为了滋阴。

●春夏之季，自然界万物复苏，草木生长旺盛，人们的起居也应随之做出相应调节。清晨起床要早，不能再像冬天一样赖被窝，“夜卧早起”，差不多6、7点钟起床，晚上11点钟左右睡觉最好。

# 主要参考文献


1. 陈鹤琴．家庭教育．华东师范大学出版社．2006 年 5 月

2. 刘良华．新父母学校——刘良华家庭教育讲演录．北京师范大学出版社．2009 年 3 月

3. 张文质．父母改变 孩子改变——张文质家庭教育讲演录．北京师范大学出版社．2009 年 3 月

4. 艾琳．美国式家庭教育．中央编译出版社．2005 年 8 月

5.（苏）艾达罗娃等编著，汪昌仁，兰伟，严平译．小学生家庭教育．教育科学出版社．2004 年 7 月

6.（苏）A. ю. 戈尔金等编著，刘廷璋等译．初中生家庭教育．教育科学出版社．2004 年 7 月

7.（苏）B. H. 阿瓦涅索娃等编著，杨挹敏等译．学龄前儿童教育．教育科学出版社．2004 年 7 月